FRANK HEINRICH

Lieben, was
das Zeug hält

FRANK HEINRICH

Lieben, was das Zeug hält

WIE GOTT UNSER HERZ VERÄNDERT

NEUFELD VERLAG

Mix
Produktgruppe aus vorbildlich
bewirtschafteten Wäldern und
Recyclingholz oder -fasern

Zert.-Nr. SGS-COC-003091
www.fsc.org
© 1996 Forest Stewardship Council

Bibelzitate, soweit nicht anders angegeben, sind der
Übersetzung *Hoffnung für alle®* entnommen. © 1983,
1996, 2003 by *International Bible Society®*. Verwendet
mit freundlicher Genehmigung des Verlages

Übrige Texte sind der *Lutherbibel,* revidierter Text 1984,
durchgesehene Ausgabe in neuer Rechtschreibung,
entnommen. © 1999 Deutsche Bibelgesellschaft, Stuttgart

Umschlaggestaltung: spoon design, Olaf Johannson
Umschlagbilder: ShutterStock®
Lektorat: Roland Nickel, Bahlingen am Kaiserstuhl
Satz: Neufeld Verlag
Herstellung: Bercker Graphischer Betrieb GmbH & Co. KG,
Kevelaer

2. Auflage 2010

© 2009 Neufeld Verlag Schwarzenfeld
ISBN 978-3-937896-83-0, Bestell-Nummer 588 783

www.neufeld-verlag.de

NEUFELD VERLAG

Inhalt

Vorwort

Was ist das größte Hindernis der Christen in unserem Land? Nach meinem über 40-jährigen Dienst in christlichen Kirchen und Gemeinden habe ich eine eindeutige Antwort darauf: Es fehlt ihnen an Liebe. Und was dabei besonders verhängnisvoll ist: Verbal ist sie bei ihnen durchaus vorhanden. „Liebe" ist eines der meist gebrauchten Worte der Christen. Sie singen und reden davon. Und doch ist so wenig davon zu spüren. Nein, das gilt nicht für alle. Aber doch für so viele, dass es sich lohnt, darüber zu reden und zu schreiben.

Aus der Pädagogik wissen wir längst, dass Dogmen und Verhaltensregeln, deren Inhalte im Widerspruch zum tatsächlichen Leben stehen, eher das Gegenteil bewirken. Abstrakte Theorien reichen nicht, sie müssen erfahrbar sein. Zum Beispiel war der Begriff „Freiheit" eines der meist benutzten Worte in der DDR. Man las von ihr auf Spruchbändern und Hauswänden. Die einzige staatlich anerkannte und geförderte Jugendorganisation der DDR nannte sich „Freie Deutsche Jugend". Aber weder die Alten noch die Jungen in der DDR waren frei. Vor allem, wer das Land verlassen wollte, bekam das schmerzhaft zu spüren. Worte ohne Erfahrungswerte sind leere Sprüche. Bloße Worthülsen stoßen uns ab. Auch und gerade bei den Christen ist das so. Was die „Liebe" betrifft, so ist die Bibel hier besonders radikal:

> Wenn jemand sagt: Ich liebe Gott!, aber seinen Bruder hasst, ist er ein Lügner (1. Johannes 4, 20).

Nun habe ich bisher von *den* Christen geschrieben und gehöre doch selbst dazu. Auch das ist meine Erfahrung aus 40 Jahren Dienst im Reich Gottes: Bewusst lieblose Christen findet man selten. Den meisten geht es wie mir. Wir wissen, wie wir sein sollten, sind aber nicht so. Wir möchten anders sein, aber irgendwie gelingt uns das nicht. In meinen Schlichtungsversuchen zwischen christlichen Gemeinden und Gruppen – das gehörte streckenweise zu meinem beruflichen Auftrag – hat mich das manchmal fast zur Verzweiflung gebracht. Erst saß ich mit der einen, dann mit der anderen Seite zusammen. Alle meinten es gut, wollten nur das Beste und verletzten gerade damit die andern, die es genauso gut meinten und ebenfalls das Beste wollten. Es gehört für mich zum großen Wert dieses Buches von Frank Heinrich, dass er in dieser Beziehung kein Blatt vor den Mund nimmt. Er bleibt nicht an der (schein)frommen Oberfläche und sagt nicht, was wir ohnehin schon wissen. Hier werden unsere vermeintlich „liebevollen" Bemühungen enttarnt und Schritt für Schritt wird ein Weg aufgezeigt, der auch für resignierte und an sich selbst verzweifelnde Christen gangbar ist.

Nein, man muss nicht Insider sein, um dieses Buch zu verstehen. Frank Heinrich spricht eine Sprache, die für alle verständlich ist, selbst wenn man nicht in der christlichen Welt zu Hause ist. Und was für uns als Leser und Leserinnen besonders wichtig ist: Er redet nicht wie ein Blinder von der Farbe. Er spricht auch von sich, von seiner eigenen Geschichte, von seinen persönlichen Pleiten und Pannen in Sache „Liebe".

Und vor allem: Es ist die Geschichte eines Autors, der längst begriffen hat, dass es darüber nichts zu schreiben gäbe, hätte nicht Gott mit seiner überragenden Liebe den ersten und alles entscheidenden Schritt getan. Nicht nur, dass der Vater im Himmel uns mit seinem Sohn Jesus ein einzigartiges Vorbild gab. Mehr noch: Seine in unsere Herzen „ausgegossene" Liebe ist geradezu der Boden, auf dem unsere Liebe zu anderen wachsen und sich ausbreiten kann. Nein, nicht nur zu den Frommen, auch zu den ganz anderen, deren Verhalten uns fremd ist und deren Kultur uns manchmal geradezu abschreckt. Auch in dieser Beziehung weiß Frank Heinrich, wovon er redet bzw. schreibt. Schließlich arbeitet er bei der Heilsarmee. Und was dabei besonders wichtig ist: Es ist nicht nur sein Job, es ist auch seine Leidenschaft!

Ich kenne Frank seit vielen Jahren durch unsere Zusammenarbeit in der Evangelischen Allianz. Er gehört zu den Leuten, die leben, was sie glauben. Auf solche Leute sollte man hören. Es lohnt sich. Sie haben etwas zu sagen. Wer dieses Buch liest, weiß, was ich meine. Genau das macht es besonders lesenswert.

Peter Strauch

Zu diesem Buch

„Was bedeutet es, jemanden wirklich zu lieben? Es gab eine Zeit in meinem Leben, da habe ich gedacht, ich weiß auf diese Frage die Antwort. Liebe bedeutet …"

M it diesen Worten beginnt das Buch *Das Leuchten der Stille* von Nicholas Sparks. Diese Zeilen passten zu mir. Nur dass meine Geschichte dann irgendwie nicht so weiterging wie in dem Buch. Ja, auch ich hatte in Sachen Liebe lange Zeit ganz genaue Vorstellungen, Erklärungen, Ansprüche, Worte und Wahrheiten in meinem Kopf.

Doch dann machte ich eine überraschende Entdeckung: Auf einmal war irgendwie alles weg. Stattdessen machte sich ein Unbehagen breit und es schien, als hätte sich die Liebe in meinem Leben rar gemacht. Stell dir vor, du wachst eines Tages neben deiner Frau auf und fragst dich: Wo sind denn plötzlich meine Gefühle für sie und die Liebe zu ihr geblieben? So kam es mir vor, nur viel grundsätzlicher.

Bohrende Fragen stellten sich mir: Bin ich wirklich liebevoll? Wie lebt man überhaupt liebevoll miteinander? Das wollten wir eigentlich, ohne Frage. Aber was war „echt" und was nur „Technik", „Routine" oder „geklont"?

Ganz offensichtlich steckte ich fest. Ich hatte etwas für Liebe gehalten, das in Wirklichkeit oft gar keine war, und entlarvte es sogar manchmal als Eigenliebe. Nur hatte ich stets versucht, mich selbst vom Gegenteil zu überzeugen.

Was ich in mir entdeckte, war absolut nicht das, was ich wirklich wollte. Hatte ich Liebe nicht von klein auf erlebt? Hatte ich mich nicht immer wieder bemüht zu lieben? Hatte ich womöglich versagt?

Also habe ich mich noch einmal auf die Suche gemacht, mir unangenehme Fragen gestellt: Wie steht es um die Liebe in meinem Leben? Wie sieht sie aus, meine Liebe zu Gott und zu meinen Mitmenschen?

Bei meiner Suche stieß ich auf so manche schmerzhafte Erfahrung mit „unterlassener Liebe" bei mir und anderen. Mir standen einschneidende Erlebnisse meines Lebens, meine Begrenzungen und auch meine Verletzungen wieder deutlich vor Augen. Ja, ich suchte geradezu nach den Klippen und Falltüren in meinem Leben, nach den Niederlagen und Schrammen, die der Liebe das Wasser abgegraben hatten.

Und dann nahm ich mir vor, wieder auf die Beine zu kommen. Ich wollte mich mit nichts weniger zufriedengeben als mit *echter* Liebe, denn ich wusste, dass es sie gibt.

Mein Weg zurück zur Liebe führte zu diesem Buch. Es ist kein romantisches Plädoyer für mehr Nettsein. Vielmehr beschäftigt es sich mit dem Geheimnis der Liebe Gottes, mit Begegnungen, mit Ängsten und mit großartigen Möglichkeiten. Vom Leben ist die Rede und von ganz unterschiedlichen Menschen: von seltsamen Heiligen, frustrierten Frommen und kaputten Chaoten.

Als Heilsarmee-Offizier hatte ich ja in den letzten Jahren ausreichend Gelegenheit, alle diese Originale mit ihren erfreulichen und anstrengenden Seiten kennenzulernen. Gerade die Begegnung mit den Menschen, die in unserer Gesellschaft am Rand stehen, erweist sich als herrliche Herausforderung für die Liebe.

Auf meiner Entdeckungstour in Sachen Liebe öffnete sich mir so manches Fenster. Ich bekam einen neuen Blick für meine eigene Geschichte, für Gottes große Liebe und für unser Miteinander. Heute spielt die Liebe wieder eine ganz neue Rolle in meinem Leben.

Diesen Effekt möchte ich gerne multiplizieren und ich hoffe, dass sich auch für dich das eine oder andere Fenster öffnet. Wir können es uns nämlich nicht leisten, *nicht* zu lieben. Es würde das verkümmern, was Gott in uns hineinlegt. Lieben heißt: Ich lebe meine Bestimmung.

Wir sollen lieben, was das Zeug hält. Das ist möglich, weil Gott uns mit seiner Liebe „infiziert" und unser Herz verändert. Den Rest können wir lernen.

Und wir wollen lieben, was das Zeug hält – damit die Welt um uns herum uns wieder an der Liebe als Gottes Kinder erkennt.

Frank Heinrich
Chemnitz, im Juni 2009

1. Wie das Leben so liebt

Schöne, heile Welt

Es heißt, dass die Patina der Zeit unserer Vergangenheit einen ganz besonderen Glanz verleiht. Man könnte auch sagen: Früher war alles besser. Oder doch wenigstens schön und gut. Zumindest in unseren Erinnerungen.

Wenn ich auf mein bisheriges Leben zurückschaue, dann entdecke ich da eine Menge schöner Dinge. Meine Kindheit war wohl in mehrfacher Hinsicht einzigartig. Das Leben in meinem Elternhaus konnte man kaum an Frömmigkeit überbieten. Geboren im Siegerland mit seinem überaus christlichen Umfeld, zog ich im Alter von drei Jahren mit meiner Familie nach Süddeutschland. Dort lebten wir in einem Altenheim, in dem es ausschließlich Christen gab. Dieses Haus hatte es sich zur Aufgabe gemacht, gerade jenen älteren Damen und Herren ein Heim zu bieten, die aus Glaubensüberzeugung darauf verzichtet hatten, in die Rentenversicherung einzuzahlen. Sie waren davon überzeugt gewesen, dass Jesus vor ihrem Rentenalter wiederkäme. Stattdessen hatten sie ihr Geld lieber in Missionsprojekte investiert. In der Zwischenzeit kam aber der Ruhestand und sie standen „im Regen".

Meine Eltern hatten sich zwei Jahre nach der Gründung des Hauses dort eingeklinkt und so lebten wir als

Familie mitten unter sehr frommen, bibelfesten und manchmal auch ziemlich anstrengenden Christen.

In diesem Umfeld musste sich natürlich immer wieder zeigen, ob der Glaube der Christen echt war, ob sie lebten, was sie sagten. Und das habe ich oft erlebt: sehr gute, konstruktive Frömmigkeit. Einerseits ganz praktisch durch den Dienst an den Alten und Kranken, und andererseits durch das gemeinsame Leben in dieser Kommunität. Ich sah hier, dass der Glaube direkte Folgen hat, und das war durchaus sehr produktiv und positiv.

Meine Eltern gründeten einige Jahre nach unserem Einzug in diesem Heim eine Hilfsorganisation, die in Osteuropa arbeitete, hinter dem „Eisernen Vorhang".

Wir bereisten damals verschiedene Länder. In erster Linie aus humanitären Gründen, dann aber auch, um in den Karpaten heimlich Kinderfreizeiten zu organisieren, christliche Literatur zu schmuggeln und um Gemeinden zu besuchen. So entdeckte ich eine völlig andere Welt. Ich lernte den Druck kennen, dem die Christen im Ostblock ausgesetzt waren, und ich war beeindruckt von ihrer tiefen Frömmigkeit und Fröhlichkeit.

Besonders geprägt hat mich dabei die Vielfalt der Begegnungen. In Rumänien lernten wir in erster Linie Christen aus Brüdergemeinden kennen. In Polen waren es Pfingstler, in der DDR hatten wir es fast nur mit Lutheranern zu tun. Bei allen erlebte ich ein und denselben Gott; und Menschen, die diesen Gott lieben und ihr Leben für ihn einsetzten, ihr Leben manchmal sogar riskierten.

Leben auf der Insel

Es gab jedoch auch andere Prägungen und Erfahrungen in meiner Jugend, die ich eher als schwierig empfand.

Etwa diese schleichende Abgrenzung, die um mich herum stattfand und die ich lange Zeit nicht hinterfragen konnte. Im Bemühen um ein frommes Leben wurden von Menschen in meiner christlichen Umgebung etliche Warnschilder aufgestellt. Da war dann der Weihnachtsbaum zu heidnisch, Fernsehen galt als verderblich und Tanzen kam auf keinen Fall infrage.

In diesem Milieu war es schwierig, sich natürlich zu entwickeln, die Welt realistisch einzuordnen und nicht weltfremd zu werden.

Wenn ich damals anderen Leuten von meinem Glauben erzählte – was ich bis heute für wichtig und richtig halte –, war das, was ich sagte, wahrscheinlich Welten entfernt von dem, was sie verstanden oder was sie interessierte. Nicht umsonst bin ich verspottet worden.

Es war für mich eine schmerzliche Feststellung, dass die „normalen" Menschen so weit weg waren von mir – oder ich von ihnen? Und ich fühlte mich damals so hilflos, diesen Graben zu überwinden.

Ich, der ich im Namen Gottes lieben wollte, kam damit absolut nicht rüber. Deshalb trat ich so manches Mal frustriert und verletzt den Rückzug an.

Liebestöter

Doch noch etwas anderes machte mich zunehmend traurig. Mir wurde immer mehr bewusst – und manchmal spürte ich es am eigenen Leib –, wie weit selbst fromme Christen voneinander entfernt sein können und wie tief die Gräben sein können, die zwischen Leuten liegen, die an denselben Gott glauben.

Immer wieder erlebte ich, wie sich Christen in meinem Umfeld angingen. Das tat mir teilweise sogar körperlich weh. Insbesondere, wenn das Streiten persönlich wurde und nicht mehr nur der Sache diente. Sowohl in den Wohngemeinschaften, in denen ich lebte, als auch in den Gemeinden, mit denen ich in Kontakt stand – es war teilweise grausam, was sich hier abspielen konnte.

Da wurden Freundschaften aufgekündigt, nur weil jemand sich einer anderen Gemeinde angeschlossen hatte. Leute hörten schlagartig auf, miteinander zu reden, nur weil das falsche theologische Stichwort gefallen war. Oder man fing an, schlecht über Leute zu reden, wenn diese gerade nicht da waren. Im Namen der Wahrheit und der Verantwortung wurde die Liebe abgeschaltet.

Das erinnert an den Ausspruch: „Wer solche Freunde hat, der braucht keine Feinde mehr." In der Welt des Militärs gibt es für so etwas einen eigenen Ausdruck: *Friendly Fire* – der Beschuss durch Freunde.

Davon ist immer dann die Rede, wenn aus menschlichem oder technischem Versagen die Munition der Kameraden in den eigenen Linien einschlägt.

Traurigerweise gibt es die Ursache „technisches Versagen" im christlichen Zusammenhang nicht, sondern immer nur menschliche Entscheidung. Wir entscheiden, wen wir angreifen – und seien es auch die eigenen Leute.

Die Menschen in unserem Umfeld beobachten solche Feldzüge sehr aufmerksam. Da müssen wir uns nicht wundern, dass sie uns manchmal für verrückt halten.

Die Tierwelt liefert hierzu übrigens eine herrliche Randbemerkung:

Man kann beobachten, dass sich eine Horde von Vollblutpferden, die von einem Feind angegriffen wird, mit den Köpfen zueinander in einem Kreis aufstellt und mit den Hinterhufen nach dem Feind tritt. Esel machen es genau umgekehrt. Sie stellen sich zwar auch im Kreis auf, schauen dabei aber dem Feind ins Gesicht und benutzen ihre Hinterläufe, um sich gegenseitig zu treten. *(Steve Brown erzählte diese Geschichte in einer Radioandacht.)*

Ausgeliebt?

All diese schönen und schwierigen Erfahrungen gingen nicht spurlos an mir vorüber. Ich kam ins Fragen, auch ins Zweifeln. Was war denn schon dran an einem Glauben, der sich so widersprüchlich zeigen konnte?

Was sollte dieses Gerede von der christlichen Liebe, wenn Menschen eher das Gegenteil erlebten?

Und ich war genauso fromm und genauso weit weg von den Menschen wie die anderen Exoten um mich herum. War mein Glaube nur anerzogen, nur eingeredet?

Was würde bei mir übrig bleiben, wenn man all die fromme Erziehung aus meinem Leben wegnehmen würde? Würde Gott irgendwo in meinem Leben zu greifen sein? Wäre da irgendetwas Echtes, Beständiges?

Doch, es gibt echtes Christsein. Es gibt echte Liebe. Es gibt ein Leben, das Gott wirklich verändert, erneuert, revolutioniert. Deshalb können wir Christen es eigentlich besser. Wir haben mehr zu geben, ich habe mehr zu geben. Nicht *mehr* im Sinne von mehr Arbeit, mehr Leistung, mehr Stress. Nein, mehr im Sinne von Inhalt und Tiefe.

Wir haben mehr Liebe zu geben und ein von ihr geprägtes Verhalten, das diesem hohen Anspruch gerecht wird.

Ich glaube fest daran, dass die Kirche, die Gemeinde oder wie immer wir diesen Leib Christi nennen wollen, *das* Gefäß Gottes schlechthin ist.

Das lasse ich mir nicht ausreden, denn ich kenne auch die genialen Seiten. Ich sehe die Solidarität mit Schwachen auf eine Weise, die mir Respekt abfordert. Ich erlebe leidenschaftliche Diakonie in kleinen Projekten, im weltumspannenden Wirken und auch in Beispielen einzelner Helden des Alltags, wie ich sie bisher nur in einer Gemeinschaft von Gott begabter Menschen wahrgenommen habe. Ein Beispiel dafür gab das Pfarrerehepaar Uwe und Sigrid Holmer, das 1990 Erich und Margot Honecker aufnahm, als diese gerade die meistgehassten Personen Deutschlands waren (auch manche Christen konnten dies damals nicht nachvollziehen).

Seit einigen Jahren bin ich sehr aktiv in der Evangelischen Allianz, sowohl in meiner Stadt Chemnitz als auch auf deutscher und internationaler Ebene. Es ist unglaublich, wie bereichernd diese Kontakte und Begegnungen sind – und sehr heilsam. Zu hören, wie an vielen Stellen dieser Erde das Reich Gottes wirklich das Vorbild für Nächstenliebe schlechthin ist.

Schon aus meiner Kindheit und Jugend hatte ich diese Wertschätzung mitgebracht, aber jetzt vertieft sich dieser potentielle Reichtum. Es ist so bereichernd, die unterschiedlichsten Frömmigkeitsformen kennenzulernen, natürlich auch zu prüfen, sich daran zu reiben und sich hinterfragen zu lassen. In den vergangenen Jahren hatte ich das Privileg, in den meisten bekannten Gemeinderichtungen und Denominationen Gastredner zu sein. Sowohl auf großen wie auf kleinen Veranstaltungen, im In- und im Ausland.

Ich konnte entdecken, wie wertvoll und einzigartig diese Menschen und ihre Geschichte sind. Da verletzt es umso mehr, wenn meine Freunde untereinander im Clinch miteinander liegen. Eine Auseinandersetzung mag manchmal ganz natürlich, nötig und hilfreich sein. Aber wenn Gräben nicht mehr überbrückt werden können, dann läuft etwas eindeutig falsch. Ich vermute stark, dass es Gott ähnlich geht. Er betrachtet diese Streitereien ja nicht nur als Bruder, sondern als Vater.

Höchste Zeit, dass wir an unserem „Liebesleben" arbeiten. Es darf einfach nicht so weitergehen.

2. Gott ist Liebe – überall

Gott ist die Liebe; und wer in der Liebe bleibt, bleibt in Gott (1. Johannes 4,16; *Luther*).

D iesen Bibelvers wählte Papst Benedikt XVI. als Titel seines ersten päpstlichen Rundschreibens. Er wendet sich darin an alle Gläubigen und schreibt über – die christliche Liebe.

In der Einführung heißt es dort:

„„Gott ist die Liebe, und wer in der Liebe bleibt, bleibt in Gott, und Gott bleibt in ihm‘ (1. Johannes 4,16). In diesen Worten aus dem *Ersten Johannesbrief* ist die Mitte des christlichen Glaubens, das christliche Gottesbild und auch das daraus folgende Bild des Menschen und seines Weges in einzigartiger Klarheit ausgesprochen. Außerdem gibt uns Johannes in demselben Vers auch sozusagen eine Formel der christlichen Existenz: ‚Wir haben die Liebe erkannt, die Gott zu uns hat, und ihr geglaubt‘" (Enzyklika *„Deus Caritas Est" – Gott ist die Liebe,* 25. Dezember 2005).

Ich finde es großartig, wie Papst Benedikt XVI. hier die Brücke schlägt zwischen dem christlichen Gottesbild und der Liebe: „Gott *ist* Liebe."

In der Bibel heißt es eben nicht: „Gott ist lieb." Als ich noch ein Kind war, wurde in meiner frommen Umgebung immer wieder vom „lieben Gott" gesprochen. Doch was bedeutet dieser Ausdruck? Versucht Gott, so gut wie möglich und wann immer es recht und passend ist und ich ihn lasse, lieb und nett zu mir zu sein? Oder heißt es, dass Gott das Beste für mein Leben im Sinn hat und deshalb alles Menschen- und Gottesmögliche unternimmt, um zu zeigen, dass er mich liebt?

Je besser ich die Bibel kennenlerne, desto mehr wird mir klar: Hier steht etwas ganz anderes! Gott *ist* Liebe. Das bedeutet viel mehr als „Gott *hat* Liebe" oder „Gott *gibt* Liebe". Es geht um mehr als göttliche Eigenart, Charakteristik oder ein Attribut. Hier wird eine Gleichung formuliert: Gott *ist* Liebe. Durch und durch. In der Sprache der Biologie könnte man vielleicht sagen, dass die Liebe Gottes „Gen" ist.

Von Kopf bis Fuß auf Liebe eingestellt

Weil Gott Liebe ist, kann er gar nicht anders, als zu lieben. Deshalb trägt alles, was er tut und lässt, alles, was er anpackt, seinen Fingerabdruck: Liebe. Genau das beschreibt auch Johannes (von dem die Bibel sagt, dass er der Jünger war, den Jesus besonders lieb hatte):

> Ihr Lieben, lasst uns einander lieb haben; denn die Liebe ist von Gott, und wer liebt, der ist von Gott geboren und kennt Gott. Wer nicht liebt, der kennt Gott nicht; denn Gott ist die Liebe. Darin ist erschienen die Liebe Gottes unter uns, dass Gott seinen eingebornen Sohn gesandt hat in die Welt, damit wir durch ihn leben sollen. Darin besteht die Liebe: nicht dass wir Gott geliebt haben, sondern dass er uns geliebt hat und gesandt seinen Sohn zur Versöhnung für unsre Sünden. Ihr Lieben, hat uns Gott so geliebt, so sollen wir uns auch untereinander lieben. Niemand hat Gott jemals gesehen. Wenn wir uns untereinander lieben, so bleibt Gott in uns, und seine Liebe ist in uns vollkommen. Daran erkennen wir, dass wir in ihm bleiben und er in uns, dass er uns von seinem Geist gegeben hat (1. Johannes 4,7–13; *Luther*).

Gott ist Liebe. Nicht wir haben Gott geliebt, sondern er hat uns seine Liebe geschenkt. Und diese seine Liebe wurde im größten denkbaren Geschenk sichtbar. Er gab uns seinen Sohn, um uns von all unserer Schuld freizusprechen. Zugegeben: die Ausdrucksweise ist eher ungewöhnlich. Doch diese Tat am Kreuz hat gezeigt, wie ernst es Gott mit der Liebe ist. Weil Gottes Sohn am Kreuz starb, können wir Menschen ein neues Leben beginnen. Das Resultat des Kreuzes ist Vergebung, Entlastung und Erlösung.

Gottes Liebe macht es möglich, dass wir mit Gott Frieden haben und leben können.

Mehr Liebe

Doch dabei bleibt Gottes Liebe nicht stehen. Sie pflanzt sich fort, wie das in der Genetik der Fall ist.

Im Johannesevangelium heißt es dazu:

> Die ihn aber aufnahmen und an ihn glaubten, denen gab er das Recht, Kinder Gottes zu werden (Johannes 1,12).

Die Bibel nennt hier und an anderen Stellen die Zugehörigkeit zu Gott „Gotteskindschaft". Der Glaube an Jesus macht uns zu Gottes Kindern. Das bedeutet, dass ich damit ein neues Abstammungsverhältnis habe. Wenn ich Gottes Kind bin, dann trage ich seine „Gene" in mir.

Im Blick auf die Liebe bedeutet das: Wenn Gott Liebe ist und ich Gottes Kind bin, dann gehört nun auch die Liebe zu meinem „genetischen Code". Gottes Liebe ist Teil meiner Existenz.

Paulus drückt dasselbe mit einem anderen Bild aus:

> ... denn die Liebe Gottes ist ausgegossen in unsere Herzen durch den Heiligen Geist, der uns gegeben ist (Römer 5,5; Luther).

Gottes Kinder sind gleichsam durchtränkt mit Liebe. Das ist für mich als Liebhaber der Mathematik eine eindeutige Aussage: Gottes Liebe ist in mich hineingegossen. Da gibt es kein herumdiskutieren; da steht ein klares „Ist" („="). Wenn ich als Kind Gottes wiedergeboren bin und Gottes Geist in mich hineingegossen wurde, dann *ist* die Liebe Gottes in mir, dann *bin* ich eine neue Kreatur, eine neue Schöpfung, dann *ist* Neues geworden! Meine Natur ist jetzt von Gott mit Liebe ausgestattet!

Es ist wie bei der Geburt unseres Sohnes. Als Säugling benahm er sich noch nicht wie ich, aber es ist eindeutig: Wir teilen dieselben Gene, er hat Teil an meiner Natur.

Gott hat seinen Teil getan, er hat seine Liebe bewiesen. Wenn ich glaube, dass das für mich gilt, wenn ich dieses Geschenk kenne und es annehme, dann wird diese Liebe in mir zu einer Quelle, die nicht anders kann, als sich einen Weg ans Tageslicht zu suchen. Und eben nicht, weil das irgendjemand sagt und es deshalb zu meinem Glaubensbekenntnis gehört. Die Liebe wird der Ausdruck dessen sein, was in mich hineingelegt wurde: Sie ist ein Ausdruck Gottes.

Das bedeutet dann aber auch, dass Gottes Wesen – sprich: seine Liebe – in meinem Leben sichtbar wird. An der Liebe, die wir leben, zeigt sich Gott den Menschen. Wenn wir einander lieben, wird Gott, den wir Menschen direkt nicht sehen können, sichtbar – in seinen Leuten.

Zeigt her eure Liebe

Deshalb legt Jesus auch so viel Wert auf die Liebe zu den Menschen. Von der Bruderliebe sagt er, dass sie das Erkennungszeichen der Jünger vor der Welt ist (Johannes 13,35).

Natürlich fällt das nicht immer leicht, denn hier ist ja von Liebe die Rede, nicht von Sympathie oder Freundschaft. Es geht nicht um ein Gefühl, sondern um eine Einstellung, eine Haltung, einen Wesenszug.

Was Jesus damit meint, hat er mit der Geschichte vom barmherzigen Samariter nur zu deutlich gezeigt. Dieser Reisende macht es vor, als er am Wegrand einen Mann liegen sieht, der verprügelt und ausgeraubt wurde. Wie stehen die beiden zueinander? Kennt man sich schon eine Weile? Konnte sich in der kurzen Zeit am Straßenrand schon Liebe entwickeln? Hatte der Samariter schon die Zeit, sich die Liebe Gottes für diesen Mann „runterzuladen"? Hatte er Zeit, diesen Mann kennenzulernen und zu sagen: „Mensch, den mag ich richtig!"? Und doch ist diese Geschichte das ultimative Beispiel für Nächstenliebe im Neuen Testament. Diese Situation, wo der eine den anderen nicht mal persönlich kannte.

Liebe ist nicht das Gefühl oder die Sympathie. Die Nächstenliebe dieses Ausländers drückte sich darin aus, dass er jenen Mann – den er gar nicht kannte – in den nächsten Gasthof geschleppt, ihm dort ein Zimmer besorgt und ihn medizinisch versorgt hat.

Kann ich so lieben? Ich habe lange gedacht, dass ich nur intensiv genug suchen und bitten müsse, um diese Liebe dann zu bekommen. Ich war der Überzeugung, dass ich erst noch etwas brauchte, bevor ich auf die Leute zugehen könnte, um ihnen etwas geben zu können. Außerdem habe ich immer wieder auf besondere Liebesgefühle gewartet. Einerseits auf ein Gefühl von Liebe für Gott und andererseits für die Menschen; ich erwartete, dass er in mir dafür sorgt, dass mir die schwierigen Menschen ans Herz wachsen. Ich weiß, dass Gott sogar das machen kann, aber prinzipiell geht er erst mal den entgegengesetzten Weg. Ich werde immer meine Schwierigkeiten mit einigen Menschen haben. Gott will, dass ich liebe, weil dies meine „neue" Natur ist.

Franz von Assisi (1181/1182 bis 1226) hatte das mit der gelebten Liebe jenseits der Gefühlsduselei wohl verstanden. Von ihm wird folgende Begebenheit erzählt:

> Er lebte in einer Zeit, in der Lepra noch vorkam, und er fürchtete diese Krankheit über alles. Es ekelte ihn regelrecht davor. Eines Tages kam ihm auf seinem Weg an einer sehr schmalen Stelle an einem Felshang ein Leprakranker entgegen. Die weißen Flecken stachen deutlich hervor in der hellen Sonne. Man konnte ihn von weitem erkennen – und Franz erschrak. Er schauderte bei dem Gedanken, er könne sich bei diesem Mann anstecken. Und damit war nicht zu spaßen, denn ein Leprakranker braucht in deiner Gegenwart nur einen Hustenanfall zu kriegen, und du hast die Krankheit auch – diese fluchbehaftete Krankheit. Aber dann handelte er – beschämt von seiner Reaktion, beschämt von dem, was da in ihm passierte. Er rannte auf diesen Mann zu, streifte seinen Mantel ab, warf seine Arme um seinen Hals und küsste diesen leprakranken Mann. Dann ging er weiter.

Ehrlich gesagt, ich bin ziemlich sicher, dass mir diese Reaktion im Traum nicht eingefallen wäre. Aber geschockt von seinen innersten Gedanken und Gefühlen, von seinem geekelten Zucken, hat Franz sich ein Herz genommen und genau das Gegenteil dessen getan, was ihm sein Menschenverstand gesagt hat. Warum? Um diesem Kranken seine Liebe zu zeigen. Doch die Geschichte war damit noch nicht zu Ende.

> Kurz nach dieser Begegnung drehte Franz sich noch einmal um. Natürlich war er aufgewühlt. Vielleicht wollte er den Kranken einfach noch einmal grüßen und ihm zuwinken. Aber da war keiner mehr – nur die leere Straße im heißen Sonnenlicht.

Wenn er später von dieser Begebenheit redete, war er sich immer ganz sicher, dass es sich bei seinem Gegenüber keinesfalls um einen Leprakranken gehandelt hat. Er glaubte, dass es Jesus selbst war, der ihm dort begegnete.

Der Liebes-Test

Lieben wie Gott – ich gebe zu, die Latte liegt ziemlich hoch. Doch genau das meint Jesus, wenn er seinen Jüngern sagt:

> Liebt einander! So wie ich euch geliebt habe, so sollt ihr euch auch untereinander lieben (Johannes 13,34).

Gerade das ist nicht mehr mit unseren eigenen Anstrengungen zu „leisten". Gottes Eigenschaften sind nicht zu erlernen, sie sind nicht kopierbar, nicht käuflich. Man kann sie nur als Erbgut übernehmen. Als seine Kinder haben wir die Voraussetzungen zur Verfügung gestellt bekommen. Jetzt sollen wir sie investieren und weiterentwickeln. Gott wünscht sich, dass daraus dann Früchte wachsen, und die schönste davon ist unbestritten die Liebe.

Damit wird aber gerade die Liebe auch zum Indikator, zum Lackmus-Test unserer Gotteskindschaft.

Wie hatte Johannes noch in seinem Brief geschrieben?

> Ihr Lieben, lasst uns einander lieb haben; denn die Liebe ist von Gott, und wer liebt, der ist von Gott geboren und kennt Gott. Wer nicht liebt, der kennt Gott nicht; denn Gott ist die Liebe (1. Johannes 4,7f; *Luther*).

Die Worte „nicht kennen" bedeuten in diesem Zusammenhang übrigens mehr als „du hast keine Ahnung".

Gemeint ist hier „du hast keinen Bezug, keine Beziehung, du bist kein Teil von". Wer also nicht liebt, kennt Gott nicht, ist nicht mit ihm vertraut, hat keine Beziehung zu ihm, ist kein Teil von ihm.

Das heißt nicht, dass ich raus bin, wenn ich einmal lieblos reagiere. Aber Gott und seine Liebe müssen grundsätzlich „drin sein" in meinem Leben, in meinem Herzen.

Eine Dose Liebe

Stellen wir uns einmal eine Konservendose vor – ohne Etikett. Woher weiß man, was drin ist? Natürlich, dafür war ja eigentlich das Etikett gedacht. Aber letztlich kann da ja auch mal ein Fehler passieren. Mir ist es schon so gegangen und es war etwas ganz anderes in der Dose, als ich erwartet hatte. Vielleicht könnte man noch schütteln und prüfen, wie der Inhalt reagiert. Sind es Erbsen oder Kartoffeln?

Vielen Christen merkt man nicht so richtig an, dass sie Kinder Gottes sind. Manche meinen, und ich gehörte zu Zeiten auch dazu, dass es reicht, wenn man es am Etikett lesen kann. Der Aufkleber an der Schultasche oder auf dem Auto, damit „oute" ich, was ich hinter meiner Fassade verberge. Ich selber hatte es ganz groß auf mein Mofa gemalt. Links „JESUS lebt" und rechts „JESUS liebt DICH!". Aber wusste ich nicht, dass das eigentliche Merkmal, der eigentliche Beweis der Inhalt selber ist? Eine solche Dose kauft man doch nur, wenn man auch sicher sein kann, was drin ist. Die Menschen um uns herum werden uns diesen Gott („= Liebe") nur „abkaufen", wenn wir den Beweis liefern. Das heißt keineswegs, dass wir perfekt sein müssen. Aber die Gene Gottes müssen in uns zu spüren sein. Unter uns gibt es viel zu viele falsch beschriftete „Dosen". Zu oft haben die Etiketten nicht gehalten, was sie versprachen. Ob Jesus in uns ist, sollte auf jedem von uns zu lesen sein.

Wenn allerdings die Gene Gottes nicht an irgendeiner Stelle in mir stecken und deshalb geradezu zwangsläufig sichtbar werden, muss ich ein großes, fettes Fragezeichen hinter meine Gotteskindschaft machen. Die Bibel sagt, dass mein Glaube ohne Werke oder – so würde ich es in diesem Zusammenhang ausdrücken – dass mein Glaube ohne Liebe tot ist.

Auf jeden Fall können wir sicher sein: Was immer auch in mir steckt, es wird sichtbar werden und Auswirkungen haben – so oder so.

Zwei Kostproben gefällig für die Tatsache, dass unsere (Liebes-)Taten lauter reden als unsere Worte und Lehren?

Mahatma Gandhi (1869–1948) besuchte als Student einen anglikanischen Gottesdienst in Südafrika. Er wollte es mit dem Christentum versuchen. Während er im hinteren Teil der Kirche in seiner Bank saß, kam ein Ordner, klopfte ihm auf die Schulter und teilte ihm freundlich mit, dass Farbige nicht an diesem Gottesdienst teilnehmen dürften. Später dazu befragt, sagte Gandhi: „Das war schon ein bedauernswerter Ordner, der mir das mitteilte. Er dachte wohl, er würde einen farbigen Mann aus seiner Kathedrale führen, aber in Wahrheit hat er ganz Indien hinausgeführt."

Doch auch das kann passieren:

Zur etwa gleichen Zeit war es in Südafrika ebenfalls üblich, dass eine farbige Person bei der Begegnung auf dem Bürgersteig mit einer weißen Person auf die Straße trat und sich verbeugte. Ein kleiner Junge hatte dieses Ritual im Hinterkopf, als er mit seiner Mutter auf einen großen Weißen in sehr heller Kleidung zuging, der ihnen

auf dem Bürgersteig entgegen kam. Aber bevor die Mutter
mit jenem demütigenden Ritual beginnen konnte, nahm
der Mann seinen Hut ab, verbeugte sich vor den beiden,
grüßte höflich und ging dann weiter. Verdutzt fragte der
kleine Junge seine Mutter, wer dieser Mann denn gewesen
sei und was das zu bedeuten habe. Die Frau antwortete:
„Er ist ein Priester der anglikanischen Kirche, ein Mann
Gottes, deshalb hat er das gemacht." An diesem Tag ent-
schied dieser kleine Junge, ebenfalls anglikanischer Priester zu werden. Eine winzige liebevolle Geste und dieser
Steppke wollte auch ein „Mann Gottes" werden. Er wurde
Lehrer und später dann tatsächlich Priester, wie es sein
Wunsch gewesen war. Und er trug in dieser Funktion entscheidend dazu bei, dass es dieses System von Apartheid
in Südafrika heute nicht mehr gibt. Sein Name: Desmond
Tutu, geboren 1931, bis 1996 anglikanischer Erzbischof
und Friedensnobelpreisträger.

Was steckt in uns drin? In einem Brief im Neuen Testament heißt es:

> Lasset uns nicht lieben mit Worten noch mit der Zunge,
> sondern mit der Tat und mit der Wahrheit (1. Johan-
> nes 3,18; *Luther*).

Ich hoffe, es ist deutlich geworden: Gott *ist* Liebe. Deshalb begegnet er uns *in* Liebe, beschenkt uns *mit* Liebe
und will seine Liebe in uns einpflanzen.

Als Kinder Gottes sind wir Geliebte und ausgerüstet
mit seiner Liebe. Wir tragen sein „Gen" in uns. Deshalb
– und nur deshalb – können wir die Menschen um uns
herum aufrichtig und selbstlos lieben. Oder genauer aus-
gedrückt: Deshalb können wir es nicht lassen, die Menschen zu lieben. Gottes Liebe in uns will lieben.

3. Wo die Liebe hinfällt

Da ist dieser junge Mann, der nach einigen Besuchen im Jugendkreis nun etwas abweisend reagiert. Daraufhin spricht ihn einer der Leiter an und fragt: „Hat es dir nicht gefallen? Bist du nicht einverstanden mit dem, was wir glauben und sagen?" Daraufhin entgegnet dieser mutige Jugendliche: „Euer Glaube? Tadellos, wirklich in Ordnung. Aber es ist mir zu kalt bei euch."

Wenn ich mir anschaue, wie man uns Christen wahrnimmt, so könnte sich diese Geschichte an vielen Orten in unseren Breiten ereignet haben. Sie ist kein Einzelfall und das finde ich beängstigend. Außerdem wirft sie eine ganze Menge – unbequeme – Fragen auf, denen wir uns als Christen unbedingt stellen müssen.

Es geht ja dabei um unsere christliche Existenz. Wenn es nämlich stimmt, dass Gott Liebe *ist*, und wir als seine Kinder seine „Gene", seine Natur in uns tragen, dann muss bei uns Liebe zu finden sein – sichtbare Liebe.

Woran könnte es also liegen, dass uns die Menschen um uns herum nicht mehr als Liebende wahrnehmen?

Verborgene Qualitäten?

Es könnte gut sein, dass mancher Beobachter nicht unbedingt das in oder an uns entdeckt, was durchaus vorhanden ist. Menschen könnten unsere Liebe übersehen oder falsch interpretieren. Vielleicht gehen sie uns

aus dem Weg und haben gar keine Möglichkeit, in den
Genuss unserer Liebestaten zu kommen. All das will ich
nicht ausschließen.

Es macht mich jedoch nachdenklich, wenn die Menschen um uns herum nicht bemerken, dass wir „voller
Liebe" sind. Wenn dies dann nicht nur einigen so geht,
sondern mehr oder weniger allen, dann könnte man auch
die „Existenz" dieser Liebe grundsätzlich bezweifeln.

Typisch (End-)Zeit?

Schon in meiner Jugend wurde ich vertraut gemacht
mit verschiedenen Aussagen, die die Bibel zur Zukunft
der Welt macht. An einer Stelle spricht Jesus davon, dass
in der Endphase der Weltgeschichte

> ... die Liebe in vielen erkalten (wird) (Matthäus 24,12;
> *Luther*).

Hier geht es wohl kaum um eine generell immer liebloser
werdende Welt. Vielmehr ist hier die Rede von erkalte-
ter oder erkaltender Liebe. Gemeint sind eher Menschen,
die einmal von Liebe gezeichnet, damit gefüllt waren, die
heiß waren von Liebe. Und dann ist diese Liebe „erkaltet".
Das macht mir Angst! Da wird es also Menschen geben,
Christen, die diese Liebe kennengelernt haben, die das
„Echte" kennen und wahrscheinlich gelebt haben und die
dann, durch welche Schritte oder Einflüsse auch immer,
davon zurücktreten und abkühlen.

So könnte es also sein, dass die fehlende Liebe in unseren Tagen eine Erfüllung der Vorhersage Jesu ist. Doch
offen gesagt: Ich will mich nicht einfach damit zufriedengeben, dass es eben einige „erwischen" wird. Ich will
Lieblosigkeit nicht als unabwendbares Schicksal hinneh-

men. Und schon gar nicht als Ausrede für meine eigene Lieblosigkeit akzeptieren.

Deshalb frage ich weiter. Woran könnte es liegen, dass wir Christen so wenig an der Liebe erkannt werden?

Unsichtbare Nachfolger?

Vielleicht bekommen die Menschen in unserem Umfeld gar nicht mit, wie oder was wir leben?

Mal ehrlich: Wie viele Nichtchristen begegnen uns im Laufe des Tages? Wie viele Menschen erleben uns in unserem Alltag? Und wie viele Leute in unserem Freundeskreis sind keine Christen?

Vielleicht erschrecken wir darüber, dass Nichtchristen kaum noch in unserem Alltag vorkommen? Da tröstet es nicht, dass es möglicherweise vielen genauso geht.

Erinnern wir uns lieber daran, was man Jesus nachsagte. Die Frommen beschwerten sich darüber, dass er laufend mit Sündern rumhängen würde. Er war bei den Menschen, insbesondere bei denen, die im Abseits standen.

Wie aber sollte man uns an unserem ureigensten „Gen" erkennen, wenn man uns überhaupt nicht mehr zu Gesicht bekommt?

Seit einigen Jahren arbeite ich in der Heilsarmee in Chemnitz sehr eng mit den Jesus Freaks zusammen. Was mich dabei besonders befruchtet, ist ihre große „Oberfläche". Sie pflegen ihre Freundschaften auch an eher unchristlichen Orten, zum Beispiel in Kneipen. Viele Freaks bringen die Leute nicht zuerst in die Gemeinde, sondern sie bringen sich zuerst in deren Nähe. Das passt prima zur Philosophie der Heilsarmee. Catherine Booth (1829 bis 1890), die Mutter der Heilsarmee, sagte einmal:

„Wenn die Menschen nicht in unsere heiligen Hallen kommen, dann müssen wir die Heiligkeit Gottes in deren Orte bringen ... womöglich unter das Firmament des Höchsten."

Liebe soll eben nicht „tief in unseren Herzen" stattfinden, sondern in Sichtweite der Menschen, für die sie gestiftet wurde.

Zögerliche Zeugen?

Beim genauen Hinsehen kann ich feststellen, dass Christen manchmal deshalb nicht offensiv lieben, weil sie andere Menschen als ein wenig bedrohlich empfinden.

Das hängt vielleicht damit zusammen, dass wir die anderen Menschen einfach nicht kennen. Wie oft führt Unkenntnis zu Vorurteilen und Distanz? Was mir fremd ist, das befremdet mich. Und ich weiß dann nicht, wie ich mich richtig verhalten soll. Also halte ich mich erst mal zurück, oder?

Andere lassen sich von ihren Befürchtungen lähmen. Sie haben vielleicht Angst vor dem Gerede der Leute. Oder sie scheuen mögliche Konsequenzen, die sich aus ihrem Einsatz ergeben und die sie im Voraus nicht abschätzen können.

Und wieder andere haben Angst um den eigenen Glauben, wenn sie sich zu sehr mit Ungläubigen oder Andersgläubigen einlassen.

Dass solche Beweggründe eine Rolle spielen, zeigt ein Blick in unsere Gemeinden. Warum gibt es im Umfeld von Christen so wenig homosexuell empfindende Menschen, Leute mit Alkoholproblemen, Gewalttäter, Ehebrecher, Prostituierte? Zumindest sind es weit weniger, als die Statistik unseres Umfeldes nahelegt. Und warum gibt es kaum Freundschaften zwischen Christen und Muslimen?

Kann es denn wirklich sein, dass unsere Liebe nicht zum Zuge kommt, weil wir Angst um uns haben? Wenn wir uns abschotten, brauchen wir uns wohl kaum zu wundern, dass niemand unserem Herzen begegnet und Gottes Liebe wahrnimmt.

Geld oder Liebe?

Manchmal kann es geschehen, da fällt die Liebe unserem Wohlstand zum Opfer. Meine Eltern leiteten bis Anfang 2009 eine Hilfsorganisation für Menschen im ehemaligen Ostblock. Ich hatte dadurch die Gelegenheit, viele reiche Menschen und auch viele ausdrücklich arme Menschen kennenzulernen. Es gibt da eine klare Tendenz, die übrigens von Forschern entsprechend bestätigt wird: Je reicher Menschen sind, desto eher sind sie undankbar und oft sogar unglücklich. Und umgekehrt habe ich die dankbarsten Menschen in Europa im ärmsten Teil Rumäniens getroffen. Rolf Böhme, bis 2002 Freiburger Oberbürgermeister, schrieb ein Buch mit dem passenden und denkwürdigen Titel: „Je mehr wir haben, desto mehr haben wir zu wenig" (Dietz, Bonn 1993).

Jesus hat dieses negative Potenzial des Besitzes in seinem Gleichnis vom Sämann beschrieben:

> Der von Disteln überwucherte Boden entspricht einem Menschen, der die Botschaft zwar hört, aber die Sorgen des Alltags und die Verführung durch den Wohlstand ersticken Gottes Botschaft, so dass keine Frucht wachsen kann (Matthäus 13,22).

Offensichtlich können Sorgen und Wohlstand verhindern, dass unser Leben Frucht bringt. Und ist die Liebe nicht auch so eine Frucht, die aus der Liebe Gottes in uns herauswachsen will?

Herzverfettung?

Vielleicht sind aber auch unsere Herzen zu fett, um zu lieben? Das Wort von der geistlichen Herzverfettung machte schon Anfang des 20. Jahrhunderts die Runde und beschrieb einen geistlichen Missstand.

Wenn sich ein Sportler zwar ernährt wie ein Weltmeister, sich aber nie bewegt, wird er fett und träge. Nicht lange und man kann ihn kaum mehr einen Sportler nennen. Und krank wird er mit der Zeit auch.

Gibt es so etwas nicht auch im geistlichen Bereich? Wenn ein Christ zwar sehr viel geistlichen Input mitnimmt, aber nichts davon auf die Straße bringt, wird er über kurz oder lang unter geistlicher Verfettung leiden. Möglicherweise wird er dies nicht sofort selber bemerken, doch die Menschen um ihn herum bekommen das – leider und leidend – recht schnell mit.

Wer das Tun vergisst und nur hört, liest und studiert, womöglich durch den Besuch der besten Konferenzen sehr viel Gutes in sich aufnimmt, der gehört hier zur Risikogruppe.

Ich habe den Eindruck, dass viele Christen sich seit Jahren dermaßen geistlich abfüllen (lassen), dass dies schon an „Völlerei" grenzt. Natürlich bin ich für Bibellese, gute Literatur und tiefes Schriftstudium. Doch wenn dies nicht zur Praxis führt, wenn unsere Mitmenschen nicht davon profitieren, stimmt etwas nicht.

Spielen wir Liebe?

Kaum jemand wird das zunächst offen von sich behaupten wollen. Aber wenn ich einmal ganz ehrlich bin: Wie oft vollbringe ich Liebesdienste nicht aus Liebe? Wie oft treiben mich völlig andere Motive an, etwas zu tun?

Manchmal wird Gottes Liebe im Leben eines Christen vielleicht gerade darum nicht sichtbar, weil er eben nicht aus Liebe liebt, sondern aus Berechnung, aus schlechtem Gewissen oder aus Routine?

Dabei haben die Menschen in unserem Umfeld eine gute Antenne dafür, *was* wir tun und *weshalb* wir es tun. Sie können sehr gut unterscheiden, ob wir etwas für sie und aus Liebe tun, oder ob wir mit fadenscheiniger Motivation unterwegs sind. Gerade Leute am Rand der Gesellschaft und Kinder und Jugendliche haben ein feines Gespür dafür, was echt ist und wo sie es nur mit Schein zu tun haben.

Doch die Liebe Gottes hat es nicht verdient, instrumentalisiert zu werden. Sie ist um ihrer selbst willen da, nicht für missionarische Erfolgsstatistiken oder zur Selbstwertsteigerung.

Sind wir zu gut?

Ich will noch eine letzte Möglichkeit in Erwägung ziehen, wieso wir Christen vielleicht nicht an der Liebe erkannt werden. Könnte es sein, dass wir einfach zu gut sind?

Bevor ich das erkläre, will ich den Blick auf eine Begegnung lenken, die Jesus mit einem sehr frommen Mann und einer gar nicht frommen Frau hatte.

Einmal wurde Jesus von einem Pharisäer zum Essen eingeladen. Er ging in das Haus dieses Mannes und setzte sich an den Tisch. Da kam eine Prostituierte herein, die in dieser Stadt lebte. Sie hatte erfahren, dass Jesus bei dem Pharisäer eingeladen war. In ihrer Hand trug sie ein Fläschchen mit wertvollem Salböl. Die Frau ging zu Jesus, kniete bei ihm nieder und weinte so sehr, dass seine Füße von ihren Tränen nass wurden. Mit ihrem Haar trocknete sie die Füße, küsste sie und goss das Öl darüber.

Der Pharisäer hatte das alles beobachtet und dachte: „Wenn dieser Mann wirklich ein Prophet wäre, müsste er doch wissen, was für eine Frau ihn da berührt. Sie ist doch eine stadtbekannte Hure!" „Simon, ich will dir etwas erzählen", unterbrach ihn Jesus in seinen Gedanken. „Ja, ich höre zu, Lehrer", antwortete Simon.

„Ein reicher Mann hatte zwei Leuten Geld geliehen. Der eine Mann schuldete ihm fünfhundert Silberstücke, der andere fünfzig. Weil sie aber das Geld nicht zurückzahlen konnten, schenkte er es beiden. Welcher der beiden Männer wird ihm nun am meisten dankbar sein?" Simon antwortete: „Bestimmt der, dem er die größte Schuld erlassen hat." „Du hast Recht!", bestätigte ihm Jesus.

Dann blickte er die Frau an und sagte: „Sieh diese Frau, Simon! Ich kam in dein Haus, und du hast mir kein Wasser für meine Füße gegeben, was doch sonst selbstverständlich ist. Aber sie hat meine Füße mit ihren Tränen gewaschen und mit ihrem Haar getrocknet. Du hast mich nicht mit einem Kuss begrüßt. Aber seit ich hier bin, hat diese Frau immer wieder meine Füße geküsst. Du hast meine Stirn nicht mit Öl gesalbt, während sie dieses kostbare Öl sogar über meine Füße gegossen hat. Ich sage dir: Ihre große Schuld ist ihr vergeben; und darum hat sie mir so viel Liebe gezeigt. Wem aber wenig vergeben wird, der liebt auch wenig" (Lukas 7,36–47).

Jesus verbindet die offensichtliche, selbstlose Liebe mit der Vergebung. Und Vergebung haben alle Menschen nötig. Vergebung überwindet die Trennung zwischen Menschen und Gott. Vergebung stößt die Tür auf zur Gotteskindschaft. Deshalb ist Vergebung auch Voraussetzung dafür, dass Gottes Liebe in unser Leben eingepflanzt wird.

Wie steht es bei uns um Schuld und Vergebung? Gerade wenn man wie ich als Kind frommer Eltern in einer sehr behüteten Atmosphäre aufwächst, muss man hier einmal genau hinschauen. In unserer eigenen Lebensgeschichte gab es vielleicht keine so gravierende Veränderung wie zum Beispiel bei einem Säufer, Mörder oder Zuhälter. Aber haben wir verstanden, worum es bei der Schuldfrage und der Vergebung eigentlich geht? Oder fehlt uns etwa der Einblick in die Tiefe unserer Verdorbenheit und damit auch die Einsicht in die Größe der Gnade Gottes?

Vielleicht kommt bei uns ja so wenig an Liebe Gottes rüber, weil wir insgeheim der Meinung sind, dass wir so viel Liebe Gottes, so viel Vergebung ja gar nicht nötig hatten und haben.

Vielleicht nimmt man bei uns auch deshalb nicht Gottes Liebe wahr, weil es da keine gibt? Was wäre, wenn wir uns lediglich einer christlichen Kultur mit ihren Regeln und Ritualen angepasst hätten, ohne innere Veränderung und Erneuerung durch Gott erfahren zu haben? Könnte es sein, dass so mancher „Christ" lediglich eine Richtungsänderung vorgenommen hat, ohne jedoch wirklich umgekehrt zu sein?

Christen nennen sich Kinder Gottes. Kind wird man nun einmal durch Neugeburt. Für dieses neue Leben nennt die Bibel mindestens zwei klare Hinweise. Nach innen hin gibt Gottes Geist selbst uns „die innere Gewissheit, dass wir Gottes Kinder sind" (Römer 8,16). Nach außen hin aber erkennt man das neue Leben – an gelebter Liebe Gottes.

Es mag noch andere Gründe geben, wieso wir Christen in unserem Umfeld so manches Mal nicht gerade für gelebte

Liebe berüchtigt sind. Mir geht es hier auch nicht um eine Abrechnung oder eine Anklageschrift.

Vielmehr möchte ich uns rütteln und schütteln, damit Gottes Liebe, die er doch in seine Kinder hineingegossen hat, auch in unsere Welt durchsickert.

Vielleicht bist du ja beim Lesen deinen eigenen Fesseln und Bremsklötzen auf die Spur gekommen – das wäre großartig. Denn dann könntest du den nächsten Schritt gehen, damit Gottes Liebe in deinem Leben zum Zuge kommt.

4. Lieben und lieben lassen

Die Spatzen pfeifen es von den Dächern und die Stars ins Mikrofon: *All you need is love!* Alles, was du brauchst, ist Liebe.

Liebe ist gefragt. Nach Liebe sehnen sich das schreiende Baby, der herausgeputzte Teenie, die erfolgreiche Businessfrau und der gebrechliche Rentner. Was unternehmen wir nicht alles, um liebenswert zu sein und von anderen Liebe zu bekommen?

Doch Liebe ist rar. Zumindest die selbstlose Liebe, die dem Geliebten gilt und nicht dem Liebenden. Die Liebe, bei der es nicht in erster Linie um das schöne Gefühl geht, sondern um eine Haltung, eine Richtung, eine Entscheidung.

Gott ist für Liebe, ganz klar. Schließlich hat er sie erfunden und teilt sie großzügig aus. Er bietet jedem Menschen an, ihn mit seiner eigenen Liebe zu füllen und so fähig zu machen, die Welt mit echter Liebe zu überschwemmen.

Doch wie oft empfinden wir diese Vorstellung als extrem beunruhigend? Wir kleinen Menschen mit unseren ach so begrenzten Ressourcen sollen eine liebeshungrige Welt versorgen? Ist unser Tank an erfahrener Liebe nicht viel zu klein für diese gigantische Aufgabe? Und was bleibt dann noch für uns selbst übrig, wenn wir uns derart verausgaben für andere?

Ich stimme diesen Gedanken zu, wenn sie davon ausgehen, dass das Projekt „Liebe für alle" mit unseren menschlichen Möglichkeiten und Anstrengungen absolut nicht zu schaffen ist.

Wenn ich allerdings auf Gottes Möglichkeiten sehe, dann muss ich Einspruch erheben. Gott hat versprochen, seine Liebe in seine Kinder einzupflanzen. Christen haben deshalb Zugang zu Gottes unerschöpflicher Liebesquelle. Die Herausforderung besteht lediglich darin, diese von Gott empfangene Liebe anzunehmen und einzusetzen.

Wie also können wir als Gottes Kinder der liebeshungrigen Welt seine Liebe geben? Sicher nicht aus eigener Kraft. Sicher nicht allein mit menschlichem Engagement und Fleiß.

Zunächst sind wir gezwungen – oder in der glücklichen Lage? –, uns von Gott ausrüsten und unterstützen zu lassen. Von der „genetischen Erneuerung" war in diesem Zusammenhang ja bereits die Rede. Doch Gott packt noch etliches drauf. Er weiß, wie er uns als neue Menschen in Bewegung bringt, zum Lieben bringt.

Eine heilsame Befreiung

Jeder von uns Menschen hat seine ganz spezielle Lebensgeschichte. Darin gibt es lustige Kapitel, glückliche Seiten, ermutigende Absätze. Doch es gibt auch traurige Passagen, schmerzhafte Exkurse und Geschichten von Verletzungen und Schmerz. Das ist so in meinem Leben und geht wahrscheinlich allen anderen Menschen auch so.

Wir alle erleiden im Laufe unseres Lebens manche Verletzungen, im emotionalen Bereich ebenso wie im sozialen und geistlichen. Das ist zunächst ganz normal. Allerdings schaffen es manche Menschen, diese Verletzungen zu verarbeiten und sich mit ihrer Vergangenheit zu versöhnen. Anderen dagegen gelingt das nicht so gut. Sie knabbern vielleicht ewig daran. Die Tatsache, dass jemand Christ wird, bedeutet nicht automatisch, dass nun alle diese Verletzungen mit einem Schlag weg sind.

Diese Verletzungen und Lebenskrisen haben nun das Zeug, uns zu fesseln, unser Potenzial zu binden. Sie können Misstrauen gegen Gott oder gegen Menschen schüren und damit den „Liebeshahn" zudrehen.

Deshalb müssen wir entscheiden, wie wir mit den Verletzungen und Krisen unseres Lebens umgehen wollen:

- Wir können die Krise, den Schmerz ablehnen, verleugnen, ignorieren, verdrängen.
- Wir können kapitulieren, uns aufgeben, uns zurückziehen.
- Wir können uns der Krise stellen, sie beleuchten und die Chancen nutzen, die sie bietet.

Wenn wir uns unserer Geschichte und unseren Verletzungen stellen, sie im Licht Gottes betrachten und sein Angebot zur Heilung und Vergebung annehmen, werden wir befreit zu lieben.

Dabei plädiere ich für einen fairen Umgang mit unserer Vergangenheit. Wunden brauchen oft Zeit. Erinnerungen heilen nicht unbedingt bis nächste Woche. Aber es lohnt sich, an uns arbeiten zu lassen. Sicher werden unsere Wunden immer Teil unserer Geschichte bleiben. Aber sie dürfen uns dann nicht mehr daran hindern, dem Liebes-Auftrag Gottes gerecht zu werden. Ich habe es sogar erlebt, dass Gott mich durch die Krisen meiner Geschichte fähig gemacht hat, heute anderen Menschen in ähnlichen Krisen besser helfen zu können.

Eine überraschende Erfahrung

Ich erinnere mich an ein einschneidendes Erlebnis. Seit meiner Kindheit *wusste* ich um die Wahrheit: „Gott liebt mich!" Ich hatte es verstanden. Ich war sicher, dass es stimmt. Aber dann – es war mitten in der Nacht auf der Heimfahrt von der Arbeit – machte es plötzlich „klick" und ich *begriff* es. Ich hörte Gott sagen: „Ich liebe dich!" Das hat getroffen. Mitten ins Herz! Und die Folgen dieser Botschaft klingen noch bis heute heilsam durch mein Herz.

Zum ersten Mal hatte ich tatsächlich durch und durch erfahren und kapiert, dass Gott mich liebt. Er *liebt* mich! Er liebt *mich*! Alle theoretische, womöglich theologische Wahrheit über Gottes Liebe bekam dadurch einen anderen Stellenwert. Seine Liebe war jetzt in meinem Leben richtig angekommen.

Unsere Liebesfähigkeit steht wahrscheinlich in engem Zusammenhang damit, wie wir die Liebe Gottes persönlich erfahren haben, und das nicht nur in der Theorie, sondern in der Praxis. Damit ist nicht gemeint, dass wir emotionale Momente erlebt haben müssen. Auch ist keineswegs ein romantischer Gefühlsglaube gemeint, nach dem man sich dann immer wieder zurücksehnt. Aber diese Liebe muss bei uns landen können.

Das Großartige dabei ist: Gott hält mit seiner Liebe nicht hinter den Berg. Er schenkt uns Menschen auch solche Erfahrungen, wie ich sie erlebt habe.

Paulus redet immer wieder von dem Geheimnis, das Gott ihm offenbart hat. Er bezeugt: Ich habe seine Liebe erfahren! (Römer 1,5).

Diese Offenbarung der Liebe Gottes in unserem Leben wird es brauchen, wenn wir Gottes Liebe weitergeben wollen. Wir können sie nicht machen, doch Gott will sie uns ja selbst schenken.

Natürlich ist es hilfreich, wenn wir Gott dafür auch bewusst Raum in unserem Leben geben, indem wir uns mit ihm beschäftigen, über ihn nachdenken, in seinem Wort lesen.

Der beste Vater

Das Wort „Vater" löst in uns ganz unterschiedliche Erinnerungen und Gefühle aus. Die sind geprägt von unserem irdischen Vater, was sicher manchmal problematisch ist. Kein Familienvater ist perfekt. Das darf uns aber nicht davon abhalten, den himmlischen Vater als guten Vater in unserem Leben zuzulassen.

Wenn ich Gott als Vater kennenlerne, wenn ich seine Liebe und Güte erfahre und begreife, wenn diese Botschaft mein Leben berührt, dann krempelt das mein Leben um. Dann wird mich kaum noch etwas hindern können, zu lieben.

Schon bei Verliebten wissen wir, dass die Liebe des Gegenübers befreiend wirkt. Da werden plötzlich Kräfte freigesetzt, von denen man noch nicht einmal wusste, dass man sie hat. Wie viel mehr ist Gottes Liebe fähig, mich umzugestalten, umzukrempeln und fit zu machen, Liebe weiterzugeben. Ich werde dann seine Liebe reflektieren – ganz selbstverständlich. Fast nebenbei wird seine Liebe meinen Alltag prägen, und da gibt es erst einmal nichts, was ich hinzufügen könnte.

Der Dreischritt lautet: Gott kennen – Gott lieben – Gott dienen. Erst wenn ich begreife, wer Gott ist und wie er wirklich zu mir steht, werde ich die Liebe entwickeln, die es braucht, um ihm so dienen zu können, wie es ihm entspricht.

Der Befehl oder die Aufforderung zu lieben, ist ohne diese Voraussetzung nicht möglich. Diese Behauptung beziehe ich nicht nur auf die erstmalige Begegnung und Offenbarung, sondern auf den ganzen Prozess dieser Liebesbeziehung. Wenn Jesus von sich sagt, er tue „nur das, was er auch den Vater tun sieht" (Johannes 5,19), macht das deutlich, wie eng er tagtäglich an Gott dran blieb; und das, obwohl er den Vorteil hatte, das Vaterherz gut zu kennen. Wenn *er* das nötig hatte, werde ich mich wohl kaum da herausnehmen können.

Die Liebe zu Gott, einmal in mir entstanden und je länger je mehr entwickelt, wird dann – selbst ohne bewusste Führung – meinen Dienst für Gott prägen. Sie wird Einfluss haben auf meine alltäglichen Entscheidungen. Wir werden Menschen sein, denen Gottes Gesetz in das Herz gebrannt ist. Joel und andere Propheten hatten es vorhergesagt: Gottes Geist würde sein Gesetz in unsere Herzen schreiben.

Geistreich lieben

Den Heiligen Geist brauche ich nicht nur als Stifter und Begleiter in meinem Leben als Christ, sondern als regelmäßigen Gestalter. Die Liebe ist dann die oberste Frucht dieses Heiligen Geistes (s. Galater 5,22). Ich kann sie nicht selbst produzieren. Ich kann nur die Grundlage aufrechterhalten. Welche? In Jesus bleiben.

> Wer bei mir bleibt, so wie ich bei ihm bleibe, der trägt viel Frucht (Johannes 5,5).

Ohne eine sehr enge, vertrauensvolle Verbindung mit Gott werde ich auch die Menschen nicht wirklich so lieben können, wie es ihm wichtig ist.

Diese Beziehung beginnt mit einem eindeutigen Start – nenne es Bekehrung, Wiedergeburt, zum Glauben kommen. Dieser Start muss nicht zwingend mit einem Datum oder einem bestimmten Erlebnis verknüpft sein, auch wenn es manchmal eine Hilfe ist, wenn man sich konkret erinnern kann. Es gibt glücklicherweise die unterschiedlichsten Wege in die Beziehung mit Gott. Manche sind relativ kurz, andere wiederum verwinkelt und kompliziert. In allen Fällen haben wir es jedoch mit Prozessen zu tun. Wichtig ist nur, dass wir den entscheidenden Schritt gegangen sind.

Gelebt wird diese Beziehung im Reden mit und im Hören auf Gott, wobei Gottes Geist hier das Bindeglied ist. Jesus spricht davon, dass der Heilige Geist uns erinnern wird an seine Worte und uns leiten will in unserem Reden und Tun. Je mehr Gottes Geist das in uns tun kann, desto kräftiger kann Gottes Liebe durch uns gerade dorthin kommen, wo es für Gott besonders wichtig ist.

5. So antworte mit: Ja!

ch liebe Essen vom Büfett, wenn die Tische voll gepackt sind mit den herrlichsten Leckereien und delikaten Spezialitäten. Doch die größte Auswahl und das verlockendste Angebot nützt gar nichts, wenn ich nicht zugreife und mir etwas nehme.

Was Gott für uns Menschen bereithält, ist ein wenig wie ein Büfett. Von seiner Liebe, die er uns schenkt, und dem neuen Leben, das er uns geben möchte, habe ich ja schon gesprochen. Auch von der begleitenden Unterstützung, die er uns anbietet.

Doch Gott fährt noch mehr auf. Gott schenkt seinen Kindern eine neue Identität, ein neues Sein.

So bist du!

Wenn uns die Menschen um uns herum den Spiegel vorhalten – kuck mal, so bist du! –, dann brechen wir nicht immer in einen Riesenjubel aus. Doch was Gott seinen Kindern ins Stammbuch schreibt, ist faszinierend. Ich nenne mal einige Beispiele:

Ihr seid das Licht der Welt

Ihr seid das Salz der Erde

Ihr seid meine Freunde

Ihr seid Kinder Gottes

Ihr seid Erben Gottes

Ihr seid Botschafter von Christus

Ihr seid ein Brief von Christus

Eine beeindruckende Liste – und sie ist noch lange nicht vollständig. Gott nennt seine Kinder Könige, Priester, Propheten. Alle diese Abschnitte sprechen von der Identität der Christen. Von dem, was wir in Gottes Augen *sind*. Da steht nichts von „seid dies, so gut es geht" oder „strengt euch nur mächtig an, so zu sein". So *sind* Gottes Kinder. Jawohl!

Ein zaghaftes Jein

„Und, Frank, was sagst du zu dir? Wie findest du deine neue Existenz?" Hm – hier liegt für mich der Knackpunkt in meiner persönlichen Geschichte. Ich habe trotz aller Christlichkeit nie wirklich eine hohe Meinung von mir gehabt. In meinen Augen war ich ein Loser, ein Sünder, im besten Fall einer, der sich anstrengt. Aber ich sah in mir nicht das, was Gott in mir gesehen hat. Ich habe nicht viel von mir gehalten und deshalb meinte ich, ich müsse fromme Dinge tun, um mir einen Wert zu geben. Mein Selbstbewusstsein war durch Taten und Außenwirkung bestimmt – nicht durch mein Sein. Und das hat man mir wohl auch abgespürt. Ich habe es auf jeden Fall gemerkt.

Ein Bibeltext aus dem Neuen Testament brachte mich ins Grübeln:

Von ganzem Herzen danke ich Gott dafür, dass er uns überall im Triumphzug Christi mitführt. Wohin wir auch kommen, verbreitet sich die Erkenntnis Gottes wie ein angenehmer Duft, dem sich niemand entziehen kann. Ob die Menschen nun die Botschaft annehmen und gerettet werden oder sie ablehnen und verloren gehen: Durch Christus sind wir ein Wohlgeruch für Gott. Für die einen ist er ein Verwesungsgeruch, der ihnen den Tod bringt; für die anderen aber ein angenehmer Duft, der ihnen neues Leben gibt. Wer aber ist für diese große Aufgabe geeignet? (2. Korinther 2,14–16)

Paulus sagt, dass Christen einen angenehmen Duft von Gott verbreiten und dass sie ein Wohlgeruch sind für Gott selbst. So habe ich mich gefragt: Was für einen Duft verbreite ich denn in meiner Umgebung? Wonach sollte ich denn eigentlich duften? Und wie kann ich diesen guten Duft bekommen?

Das war und ist eine Sehnsucht, die mich umtreibt. Ich wäre gerne „dufte für Gott", würde gerne geeignet sein für eine solche Aufgabe, wie sie Paulus beschreibt.

Wie kann ich so nach Gott riechen, dass sich die einen davon angezogen und andere davon abgestoßen fühlen? Was ist das für ein Duft?

Zunächst hat dieser Duft etwas mit der Erkenntnis Gottes zu tun, was ja mehr beinhaltet als ein theoretisches Wissen über einen Sachverhalt. Kenne ich Jesus, oder weiß ich lediglich etwas von ihm? Bin ich Jesus persönlich begegnet, oder habe ich mir lediglich ein Bild von ihm gemacht, das ich herumtrage? Alle Geschichten der Bibel und all das angehäufte Hintergrundwissen wären letztlich nur kalte Religion, nur Kopfglaube, wenn ich Jesus nicht persönlich erfahren habe.

Der Geruch der Erkenntnis Gottes ist sicherlich kein verstaubter Wissensgeruch! Nichts, was man sich selber aneignen kann. Er ist etwas, was uns angeeignet wird! Den Erst-Duft muss Gott mir schenken. Ich werde duften – mehr oder weniger stark und ausgeprägt. Und dann kann ich dafür sorgen, dass sich mein Duft weiter entwickelt und entfaltet.

Ich glaube, dass diese Entwicklung etwas zu tun hat mit meiner Nähe oder Distanz zu Gott.

Trotz meiner erwiesenen Schwäche in Chemie, erinnere ich mich noch gut an einen Versuch. Der Lehrer hatte eine langstielige Rose mitgebracht und wollte an diesem Tag zeigen, dass sich Kohlendioxid stark abkühlt, wenn man es unter Druck freisetzt. Also ließ er das Gas durch eine sehr kleine Düse austreten und hielt die Rose wenige Sekunden in den Strahl des Gases. Anschließend ließ er die Rose dann auf den Fliesenboden fallen. Die Rose zersprang in tausend Teile.

Verhält es sich mit uns nicht manchmal ganz genauso? Wir sind dieses köstlich duftende Geschöpf, Gottes Liebe ist ausgegossen in unser Herz. Und dann waren wir in eisiger Umgebung. Wir sind unter Druck geraten, haben uns entfernt von der unmittelbaren Nähe Gottes. Was ist passiert? Nein, wir haben unsere Identität nicht verloren. Nur frostig, kalt geworden sind wir; und duften tun wir wohl auch nicht mehr so gut.

Aber dies ist nur eine Frage der Zeit, bis wir wieder näher kommen und warm werden. So sind wir täglich gefordert, unsere Beziehung zu Gott im Auge zu behalten. Dann werden wir duften! Und dann werden auch die Menschen um uns herum den wahrnehmen, dessen Duft wir an uns tragen.

Das ging mir irgendwann auf. Ich musste Gottes Liebe erfahren. Ich musste Gottes Wahrheit über mein Leben, meine Identität, meinen Wert erfahren. Nicht nur als sachliche Information, sondern als Leben verändernde Wirklichkeit und Kraft.

Diese frohe Botschaft musste ganz persönlich, befreiend und erlösend bei mir Fuß fassen. Einmal, und seitdem dann auch immer wieder.

Zugreifen

Natürlich gehört auch eine Portion Mut dazu, Gott beim Wort zu nehmen, seiner Sicht über mein Leben zu vertrauen und den Weg einzuschlagen, den er zeigt.

Doch ich habe es gewagt und so kam es, dass ein etwas verdrehter und verunsicherter Frömmling letztlich bei der Heilsarmee gelandet ist, um gerade den Leuten am Rand der Gesellschaft von Gottes Liebe zu erzählen und Freund dieser Entfernten zu sein. Ich, der ich mich ziemlich ungeeignet fand, mit schwierigen Menschen und wirklichen Lebensproblemen umzugehen.

Nach meiner Meinung schien ich besser hinter einem Computer aufgehoben. Doch als eingespurter Christ wollte ich hier natürlich Gott mitreden lassen; er sollte schon seinen Willen bekommen. Dann schlug eines Tages mein Seelsorger mir doch ernsthaft vor, Sozialarbeit oder Sozialpädagogik zu studieren. Das war echt schräg, denn ich wusste zu dem Zeitpunkt nicht einmal, was das bedeuten würde. Zu diesem Thema hatte ich keinerlei Beziehung.

Doch Gott legte hier eine Spur, machte mich unruhig und besorgte mir auch noch auf meine einzige Bewerbung gleich einen Studienplatz.

Zugegeben: mein Interesse und meine Motivation an dem Fach waren zu diesem Zeitpunkt ziemlich niedrig. Das änderte sich erst im Praxissemester. Durch Freunde hatte ich einen Platz bei der Heilsarmee bekommen, und dort hat es mich erwischt. Innerhalb der ersten Wochen begriff ich, dass Gott mich eindeutig besser kannte als ich mich selbst. Dort stellte sich heraus, dass ich offensichtlich ganz gut mit den Besuchern der Einrichtung konnte – und sie mit mir. Mir ging auf: Gott konnte und wollte hier etwas mit mir anfangen.

Das größte Kompliment, das mir in den fünfeinhalb Jahren im sozialmissionarischen Café der Heilsarmee in Freiburg gemacht wurde, kam von einer Prostituierten. Sie war schon seit langem Besucherin unserer „Insel" und sagte nach Jahren zu mir: „Wie, du bist'n Sozi? Ich war der festen Überzeugung, du bist hier der Kneipier."

Nach einigen Jahren der Praxisberührung und vielen kleinen und großen Lehrstunden in Sachen: „Wie begegne ich meinem Nächsten?", kam für meine Frau und mich dann doch erneut die Frage nach Gottes weiteren Plänen für unseren Lebensweg. Wir bewarben uns schließlich für die Ausbildung zu Geistlichen in der Heilsarmee und wurden 1997 zu Offizieren, den Pastoren der Heilsarmee ordiniert.

Unser erster „Marschbefehl" hieß Chemnitz, wo wir sowohl mit Evangelisation und Gemeindebau als auch mit sozialer Arbeit beschäftigt sind. Das gehört bei der Heilsarmee immer zusammen: die Verkündigung und die helfende Hand. Es geht uns sowohl um das „ewige" als auch um das „zeitliche" Heil der Menschen, insbesondere derer, die am Rand stehen.

Ich habe mich auf diesen – für mich zunächst überraschenden – Weg eingelassen. Gott hat mir äußerlich Wege geöffnet, doch noch viel mehr hat er an meinem Inneren gearbeitet, meinen Prägungen, Vorstellungen, Irrtümern und Verletzungen.

Heute kann ich deshalb sagen: Ich glaube an die Liebe.

Ich glaube an die grenzenlose Liebe Gottes zu mir, denn ich habe sie erfahren.

Ich glaube an die verändernde Liebe Gottes in mir. Gott selbst hat sich hineingegeben in meine Existenz, hat seine „Gene" mir eingepflanzt und damit einen neuen, liebesfähigen Menschen aus mir gemacht.

Ich glaube an die Berufung der Kinder Gottes, die Liebe Gottes in unsere Welt hinauszuleben – eine Welt, die sich nach echter Liebe sehnt.

Ich glaube, dass wir es lernen können, die Menschen in unserer Welt so zu lieben, wie Jesus liebt. Nicht aus eigener Kraft, aber mit Gottes Unterstützung.

Mahatma Gandhi bekam Besuch von zwei Missionaren. Sie fragten ihn, der sich selber als Hindu, Muslim und Christ bezeichnete, nach dem Zugang zu den Menschen in Indien und Pakistan. Sie wollten wissen, wie sie das Evangelium von Jesus Christus den Bürgern seiner Kultur relevant präsentieren sollten. Gandhi schaute sie an und fragte sie: „Meine Herren, kennen sie das Geheimnis der Rose?" Als die beiden Missionare nicht antworteten, fügte er hinzu: „Geht in mein Land und duftet!"

Ihr seid das Licht, das die Welt erhellt. Eine Stadt, die hoch auf dem Berg liegt, kann nicht verborgen bleiben (Matthäus 5,14).

6. Lieben mit Herz und Hirn

Liebe kann man lernen, davon bin ich überzeugt. Ich gehe sogar noch einen Schritt weiter: Liebe *muss* man lernen. Denn die selbstlose Liebe, die Gott vorlegt, hat es nicht leicht in meinem Leben. Wenn ich lieben will wie Gott, dann muss ich mich ziemlich oft mit meinen Gefühlen, Bedenken, Vorurteilen oder Ausreden herumschlagen. Da hilft nur eine Liebe-Lern-Strategie.

Von innen nach außen

Wenn sich in meinem Leben wirklich etwas ändern soll, dann muss es innen beginnen, in meiner Persönlichkeit, in meinem Herzen. Wie ich bereits erzählt habe, entdeckte ich in meinem Leben eine große Entfernung zu den Menschen. Dieser Abstand war nicht zuerst äußerlich, sondern er war und ist tief in mir verborgen. Deshalb muss ich konsequenterweise auch *innen* beginnen, diese Entfernung aufzulösen. Es gilt, diese inneren Barrieren zu erkennen und zu überwinden.

Ein solches Umdenken und Neudenken ist ja auch angesagt, wenn jemand zum Glauben an Jesus kommt und als Christ leben möchte. Davon schreibt der Apostel Paulus den Christen in Rom:

> Weil ihr Gottes Barmherzigkeit erfahren habt, fordere ich euch auf, liebe Brüder und Schwestern, mit eurem ganzen Leben für Gott da zu sein. Seid ein lebendiges Opfer, das

Gott dargebracht wird und ihm gefällt. Ihm auf diese Weise zu dienen ist die angemessene Antwort auf seine Liebe. Passt euch nicht dieser Welt an, sondern ändert euch, indem ihr euch von Gott völlig neu ausrichten lasst. Nur dann könnt ihr beurteilen, was Gottes Wille ist, was gut und vollkommen ist und was ihm gefällt (Römer 12,1f).

Es geht also um eine neue Einstellung, ein neues Denken. Deshalb spreche ich in dem Zusammenhang vom „Herz". Nach dem Verständnis der Bibel ist das Herz des Menschen nämlich nicht nur ein Körperorgan. Es ist auch nicht nur ein Synonym für „Gefühl" oder „Romantik". In der Sprache der Bibel ist das Herz der Sitz der Persönlichkeit eines Menschen. Hier denkt er, entscheidet er, plant er. Wenn ich auf den nächsten Seiten immer wieder nach meinem und deinem Herz frage, dann geht es mir um das, was wir denken und wollen. Es geht um unsere Vorstellungen, Ideen, Träume, Überzeugungen, Vorurteile und Entscheidungen. Und auch um Gefühle.

Bin ich bereit für solche tief gehende Veränderungen?

Was auch immer der Ausgangspunkt ist – wir haben Veränderung, möglicherweise sogar Verwandlung nötig. Anders können wir die Aufforderung der Bibel zur Liebe nicht erfüllen.

Der erste Schritt ist, dass wir uns im Licht Gottes sehen, sein Bild von uns anerkennen und seine Liebe zu uns ganz persönlich annehmen.

Danach gilt es, an den Einstellungen zu arbeiten und das zu tun, was einem klar wird.

Auch wenn die Einstellungen – also unser Herz – auf lange Sicht von größerer Bedeutung sind, sollten wir daraus keine zwanghafte Reihenfolge machen. Ich kann und soll schon jetzt liebevoll handeln, auch wenn ich in meinem Herz noch lange nicht alles verstanden habe.

Jeder von uns hat schon etwas zu geben, kann schon lieben. Und manchmal bewirkt ja meine Liebestat eine Veränderung meiner Einstellung – so ganz nebenbei.

Wenn ich jetzt einige Einstellungen und Haltungen anspreche, die um der Liebe Willen reformbedürftig sind, dann stellt die Reihenfolge keine Rangfolge dar. Jeder von uns hat seine eigene „Baustelle" und Gott wird dir zeigen, wo er dich gerne verändern möchte.

Versuche bitte auch nicht, erst perfekt zu werden, bevor du im nächsten Kapitel weiter liest, wo es um ganz praktische Aktivitäten geht. So lange kann die Welt nicht auf unsere Liebe warten.

a) Der Nächste bitte

Im Wort „Nächster" steckt das Wort „Nähe". Trotzdem scheint uns nicht immer so klar zu sein, wer denn jener Nächste ist, um den wir uns kümmern sollen. Das Naheliegende kommt uns dabei nicht in den Sinn.

Dieses Phänomen zeigte sich auch in der Unterredung Jesu mit jenem Schriftgelehrten, der es genau wissen wollte, wer denn nun sein Nächster sei.

Aber der Mann gab sich damit nicht zufrieden und fragte weiter: „Wer gehört denn eigentlich zu meinen Mitmenschen?" Jesus antwortete ihm mit einer Geschichte:

„Ein Mann wanderte von Jerusalem nach Jericho. Unterwegs wurde er von Räubern überfallen. Sie schlugen ihn zusammen, raubten ihn aus und ließen ihn halb tot liegen. Dann machten sie sich davon. Zufällig kam bald darauf ein Priester vorbei. Er sah den Mann liegen und ging schnell auf der anderen Straßenseite weiter. Genauso verhielt sich ein Tempeldiener. Er sah zwar den verletzten Mann, aber er blieb nicht stehen, sondern machte einen großen Bogen um ihn. Dann kam einer der verachteten Samariter vorbei. Als er den Verletzten sah, hatte er Mitleid mit ihm.

Er beugte sich zu ihm hinunter, behandelte seine Wunden mit Öl und Wein und verband sie. Dann hob er ihn auf sein Reittier und brachte ihn in den nächsten Gasthof, wo er den Kranken besser pflegen und versorgen konnte. Als er am nächsten Tag weiterreisen musste, gab er dem Wirt zwei Silberstücke und bat ihn: ‚Pflege den Mann gesund! Sollte das Geld nicht reichen, werde ich dir den Rest auf meiner Rückreise bezahlen!'

Was meinst du?", fragte Jesus jetzt den Schriftgelehrten. „Welcher von den dreien hat an dem Überfallenen als Mitmensch gehandelt?" Der Schriftgelehrte erwiderte: „Natürlich der Mann, der ihm geholfen hat." „Dann geh und folge seinem Beispiel!", forderte Jesus ihn auf (Lukas 10,29−37).

Wer ist der „Nächste"? Innerhalb einer Gesellschaft können die Entfernungen, die Abstände zwischen Menschen sehr groß sein − so wie zwischen dem überfallenen Juden und dem hilfsbereiten Samariter. Doch welche Rolle spielt eigentlich die tatsächliche geographische Entfernung in dieser Frage?

Wir leben in einer Zeit, in der wir in den Abendnachrichten von der Not der kleinen Nadja in Myanmar erschüttert werden und in der die Hungersnot im Sudan nur einen Mausklick entfernt ist.

Und dann lesen wir in der Zeitung; dass eine ältere Dame erst sehr lange nach ihrem Tod in ihrer Wohnung liegend gefunden wurde. Keiner hatte mehr so nahen Kontakt, dass ihre Abwesenheit bemerkt worden wäre.

Wer ist da der „Nächste", der Mitmensch oder „Nachbar", wie es im Englischen heißt?

Wenn es um die Hilfe in Katastrophenfällen geht, erleben wir in den letzten Jahren eine riesige Spendenbereitschaft. Aber in der „Nähe" spricht man je länger, je mehr von menschlicher Kälte.

Wenn ich Jesus in der obigen Geschichte richtig verstehe, dann laufen die eigentlich Frommen trotz ihrer „geographischen" Nähe zu dem Notleidenden am Ziel vorbei. „Nächste" des überfallenen Mannes waren eigentlich alle drei, aber geworden ist es ihm nur einer.

Der Nächste ist demnach der nahe Liegende, der in meiner Nähe lebt, der mir begegnet. Und ich werde ihm zum Nächsten durch meine Liebestat, mit der ich ihm begegne.

Bei sehr vielen Christen erlebe ich eine rege Bereitschaft, für die Not der Welt auch finanzielle Verantwortung zu übernehmen. Keine Frage, das ist sehr nobel. Allerdings sind die Entfernungen zwischen den beteiligten Parteien oft ziemlich groß, weshalb der Kontakt nur über Missionsorganisationen, Patenkinder-Vermittler oder Dritte-Welt-Projekte hergestellt wird. Klar, diese Organisationen brauchen tatsächlich unsere Hilfe.

Gleichzeitig erlebe ich wenige, die bereit sind, die Menschen in ihrem unmittelbaren Umfeld als Nächste zu erkennen. Manchmal verlässt man sich auch hier auf die bestehenden Hilfsdienste.

Als Offizier der Heilsarmee hörte ich sehr oft den Satz: „Ja, *ihr* habt diesen Draht zu diesen Leuten und die Berufung für diese Menschen." Einmal sagte mir ein Pfarrer: „Ihr tut in unserer Stadt etwas, was wir eigentlich als Gemeinde tun sollten. Deshalb hat unser Gemeindevorstand beschlossen, eine Kollekte zusammenzulegen und euch zu überweisen!"

Sehr gut! Ich freue mich über jeden, der so denkt und handelt – schon aus rein finanzieller Sicht; als Heilsarmee leben wir doch immer am Limit. Aber ich denke, dass dies dann die letzte Kollekte in jener Gemeinde für uns gewesen sein sollte. Warum? Nun, wenn jemand erkennt, dass er eigentlich etwas tun sollte, dann *sollte* er es auch tun, und nicht jemanden dafür bezahlen.

Sicher gibt es in dem einen oder anderen Bereich Fachleute oder Leute mit einer recht speziellen Berufung und Begabung für bestimmte Aufgaben. Nächstenliebe ist jedoch ein Auftrag für jeden Einzelnen. Jeder Einzelne soll seine Augen offen halten für die – einzelnen – Menschen in seinem Umfeld. Liebe ist nicht ein Job für eine Körperschaft, Institution oder einen Verein, sondern der konkrete Einsatz des einen für den anderen.

Ich frage noch einmal: Wer also ist mein Nächster? Wer ist unser Nächster?

So notwendig der kleine Waisenjunge aus Nigeria unsere Unterstützung auch braucht, unser Nächster ist er nach meiner Erkenntnis zunächst nicht!

Es sind eher die Menschen in meiner näheren Umgebung, die ich vielleicht erst einmal übersehe.

Gründe für eine solche Sehschwäche gibt es viele. Vielleicht gehört einer nicht zu meiner gesellschaftlichen Schicht, spricht eine andere Sprache, lebt eine andere Kultur, pflegt ein ungewöhnliches Hobby. Wir nehmen diese Nächsten nicht wahr, weil wir uns vielleicht Vorurteile eingeprägt haben oder unangenehme Erfahrungen gemacht haben mit Menschen und ihren Problemen: mit Alkoholismus, Gewalt, Depression, Einsamkeit, psychischer Krankheit, Behinderung oder Ähnlichem.

Deshalb brauchen wir in unseren Herzen und Gedanken eine neue Definition des „Nächsten"! Wir müssen es zulassen, dass unsere Nächsten tatsächlich in unserer Nähe wohnen: Arbeitslose, Ausländer, Aussiedler, alte Menschen (die sich vielleicht nicht mehr auf die Straße trauen), Alleinstehende, Alleinerziehende, Asylbewerber, Analphabeten, AIDS-Kranke ... – und das waren jetzt nur ein paar Gruppen, die mit A beginnen. Es gibt noch ein ganzes Alphabet von Menschen, die sich nach einem wirklichen Nächsten, einem „Jesus" in ihrem Umfeld sehnen.

b) Der gnädige Blick

Man sieht sich. Doch: Was sehe ich, wenn ich meine Mitmenschen anschaue? Was fällt mir beim Anblick auf und ein?

Häufig ist das Verhältnis von Ansehen und Aussehen gestört. Wir beurteilen einander sehr oft nach äußeren Faktoren. Nicht nur durch die Entwicklung von Mode und Jugendkulturen gibt es eine immer stärkere Fixierung auf Oberflächliches.

Das war wohl auch schon in der Zeit des Alten Testaments so:

> Für die Menschen ist es wichtig, was sie mit den Augen wahrnehmen können; ich dagegen schaue jedem Menschen ins Herz (1. Samuel 16,7).

Worauf basieren unsere Meinungen von anderen Menschen wirklich? Vielleicht ist es die Kleidung oder die Haarpracht des Gegenübers, die in mir eine Schublade öffnet. Oder etwas, das er sagt oder tut, weckt in meinem Unbewussten eine Erinnerung. Doch immer mache ich mir ein Bild vom anderen, ohne ihn wirklich zu kennen.

> Da ist diese junge Frau aus der Jugendgruppe, die seit einiger Zeit schwanger ist. Nein, sie hat keinen Mann, noch nicht einmal einen Verlobten. Gehen Sie einmal hin und fragen die Frau nach ihren Erfahrungen in christlichen Kreisen, sofern sie diese nach den ersten Begegnungen noch zugelassen hat und so mutig war, ein drittes Mal wiederzukommen.

Da lobe ich mir die Großmütter mit dem *gnädigen Blick*. Keine Vorverurteilung, tiefe Annahme und echte Liebe. So etwas tut gut. Und wie weh tut das Gegenteil. Man glaubt nicht, wie schnell auch nur der leiseste Vorbehalt oder Widerspruch in unserer Reaktion entlarvt wird.

Können wir Menschen so sehen, wie sie wirklich sind? Wohl kaum. Und deshalb ist es so wichtig, dass wir unserem Gegenüber zuerst einmal das Beste unterstellen. Ich nenne das „den roten Teppich der Gunst ausrollen".

Es gibt so viele Gründe oder Ursachen, wieso ein Mensch die eine oder andere Reaktion von sich gibt. Bevor wir also ein Urteil abgeben oder uns ein Vorurteil zulegen, sollten wir Positives vermuten und unterstellen. Zu sehr haben wir es uns nämlich angewöhnt, von der schlimmsten Möglichkeit auszugehen. Da ist es schon eine Herausforderung, die eigenen Schubladen aufzumachen und anderes zu erwarten, als was wir bisher erfahren haben.

Damit aus der Begegnung zweier Menschen eine positive Beziehung werden kann, ist es dringend notwendig, diesen gnädigen Vorschuss zu geben. Die besten Seiten eines Menschen kommen nämlich weit eher zum Vorschein, wenn ihm positiv begegnet wird. Das gilt natürlich für beide Seiten.

Die Weichen dazu werden in unserem Herzen gestellt.

Prüfen wir doch einmal unsere Einstellungen. Was denken wir voneinander? Wie reagieren wir zum Beispiel, wenn wir hören, welcher Glaubensgemeinschaft jemand angehört? Entspannen wir uns oder verkrampfen wir, wenn jemand Buddhist oder Zeuge Jehovas ist, wenn er Landeskirchler oder Freikirchler ist, wenn er Zungenrede normal findet oder Kinder tauft?

Mit etwas Übung mag ich mich im Griff haben und dem anderen nicht immer auf den ersten Blick zu erkennen geben, ob ich ihn zurückweise oder ablehne. Gott sei Dank! Doch ganz sicher wird es mein Gegenüber schneller merken, als mir bewusst ist. Das Ganze wird noch komplizierter, weil natürlich auch der andere seine eigenen Vorurteile mitbringt und seinen Fehleinschätzungen unterliegt. All dies unterstreicht noch einmal die Notwendigkeit des gnädigen Blickes – für beide Seiten!

Jesus beschreibt unsere Augen einmal als das Fenster des Menschen. Dabei erwähnt er auch die positiven Auswirkungen eines offenen, aufrichtigen Blicks:

> Das Auge gibt dir Licht. Wenn deine Augen das Licht einlassen, wirst du auch im Licht leben (Matthäus 6,22).

Was wir sehen und wie wir etwas ansehen, bestimmt uns – und dann auch unser Verhalten und unseren Umgang.

Ein anderes Beispiel für einen differenzierten und wohlwollenden Blick finden wir bei Paulus. Er kann das Positive sehen, wo andere eher eine Bedrohung entdecken.

> Zwar verkündigen manche nur deswegen die Botschaft von Christus, weil sie neidisch sind und mir eine erfolgreiche Missionsarbeit nicht gönnen; andere aber lassen sich bei ihrer Predigt von den besten Absichten leiten. Sie handeln aus Liebe, weil sie wissen, dass ich im Gefängnis bin, um für die rettende Botschaft einzutreten. Die anderen aber reden von Jesus Christus nur aus Eigennutz. Sie meinen es nicht ehrlich und wollen mir noch zusätzlich Kummer bereiten. Doch was macht das schon! Wichtig ist allein, dass die rettende Botschaft von Jesus Christus verbreitet wird; mag das nun mit Hintergedanken oder in ehrlicher Absicht geschehen. Wenn nur jeder erfährt, wer Jesus Christus ist! Darüber freue ich mich, und ich werde mich auch in Zukunft darüber freuen! (Philipper 1,15–18)

Paulus schreibt diese Sätze, während er im Gefängnis sitzt. Andere nutzen seine Lage aus, um ihn zu bekämpfen, doch er kann das Positive sehen. Da können wir uns für unsere vorurteilsgefährdeten Begegnungen eine Scheibe abschneiden.

Eine derart veränderte Sichtweise bekommt man natürlich nicht in dem Sekundenbruchteil zwischen erstem Anblick und spontaner Reaktion. Dahinter muss eine entsprechende Haltung stecken. Unsere Einstellung macht den Unterschied.

Wie man diese Haltung, diesen Blick trainieren kann, dafür weiß Paulus auch einen Rat:

> Schließlich, meine lieben Brüder und Schwestern, orientiert euch an dem, was wahrhaftig, gut und gerecht, was redlich und liebenswert ist und einen guten Ruf hat, an dem, was auch bei euren Mitmenschen als Tugend gilt und Lob verdient (Philipper 4,8).

Ich halte den „roten Teppich der Gunst" für unverzichtbar, wenn wir liebevolle Beziehungen zu anderen Menschen aufbauen wollen. Und manchmal müssen wir auch noch den „roten Teppich der Gnade" dranlegen. Dann, wenn nach einer Begegnung die ersten Fettnäpfchen getroffen wurden, wenn der andere mit seinem Verhalten anscheinend meine Vorurteile bestätigt. Bin ich dann bereit, neutral und offen zu bleiben? Wie lange darf ein Gegenüber auch mal daneben tappen, ohne dass ich gleich alles auf die Goldwaage lege?

> „Nur der Liebende kann die Welt und den Menschen wirklich sehen." (Theophil Spoerri)

c) Angenommen

Angenommen, Jesus Christus hat uns so angenommen, wie wir sind – mit unseren Ecken und Kanten, mit unserem Versagen und unserer Schuld. Welche Auswirkungen hat diese Erfahrung auf unsere Beziehungen?

Paulus fordert uns auf:

> Nehmt einander an, so wie Christus euch angenommen hat. Auf diese Weise wird Gott geehrt (Römer 15,7).

Eigentlich sollte das unter Christen ganz gut funktionieren, haben doch alle dieselbe Liebe von Jesus erfahren. Doch schon der Blick in die Geschichte der Christenheit zeigt, dass das nicht immer so leicht oder gar selbstverständlich war. Als Paulus seinen Brief an die Christen in Philippi schrieb, hatte er auch einen internen Streit zu bearbeiten. Deshalb schreibt er dort von der Einheit und der gegenseitigen Fürsorge:

> Es gibt über euch so viel Gutes zu berichten: Ihr ermutigt euch als Christen gegenseitig und seid zu liebevollem Trost bereit. Man spürt bei euch etwas von der Gemeinschaft, die der Geist Gottes bewirkt, und herzliche, mitfühlende Liebe verbindet euch. Darüber freue ich mich sehr. Vollkommen aber ist meine Freude, wenn ihr euch ganz einig seid, in der einen Liebe miteinander verbunden bleibt und fest zusammenhaltet (Philipper 2,1f).

Deckt sich das mit unseren Erfahrungen?

Es gibt viele Orte, da sind die Gemeinden oder einzelne Christen über das christliche Lager hinaus bekannt für ihre Streitereien. In meiner Kindheit habe ich weit mehr darüber gehört, wie zerstritten und gehässig Christen sich gegenseitig behandeln, als von ihrer Einheit. Da wurde sich gegenseitig der Weg verbaut. In der Stadt, in der eine Gemeinde den Christen der anderen Gemeinde die Gräber auf dem gleichen Friedhof verweigerte, lacht sich wohl bis heute der ganze Ort schlapp über die Christen.

Doch auch das gibt es: In Algerien bezeugen Christen in erster Linie dadurch ihren Glauben, dass man in der Öffentlichkeit zweierlei von ihnen weiß:

1. Die Christen kennen sich gegenseitig mit Namen.

2. Die Christen sprechen überaus positiv übereinander.

Nun geht es mir nicht vorrangig um den Eindruck, den die „gesamten Christenheit" hinterlässt, sondern um den Eindruck, den du und ich in unserem Umfeld hinterlassen. Wie reden wir übereinander? Wie reden wir über die Brüder, Schwestern oder Leiter unserer Gemeinde oder über andere Kirchen? Ist dieses Reden geprägt von Annahme der Andersartigkeit, von positiven Unterstellungen, vom Lob der jeweiligen Stärken und Vorzüge?

Die Brüder und Schwestern annehmen, wertschätzen, würdigen, ihnen mit Liebe und Respekt zugeneigt sein – das können wir lernen. Zum Beispiel durch das *Segnen*.

Segnen bedeutet: Dem anderen Gutes wünschen, dem anderen das Gute zusprechen. Jesus bittet uns, sogar diejenigen zu segnen, die uns hassen. Aber hier reden wir von den Brüdern und Schwestern im Glauben. Von denen, die wir meines Erachtens genauso annehmen sollen, wie Jesus uns angenommen hat.

Dieses Segnen geschieht nicht von oben herab, ist kein gönnerhaftes Almosen. Dieses Segnen macht den anderen groß, weil wir uns selbst nicht mehr so wichtig nehmen müssen. Gerade darin werden wir ja Jesus ähnlich. Paulus erklärt diese Jesus-Haltung so:

> Seht auf Jesus Christus: Obwohl er in göttlicher Gestalt war, hielt er nicht selbstsüchtig daran fest, Gott gleich zu

sein. Nein, er verzichtete darauf und wurde einem Sklaven gleich. Er nahm menschliche Gestalt an und wurde wie jeder andere Mensch geboren. Er erniedrigte sich selbst und war Gott gehorsam bis zum Tod, ja, bis zum schändlichen Tod am Kreuz (Philipper 2,5–8).

Nehmt einander an, wie Christus euch angenommen hat. Von mir allein aus ist dieser Maßstab nicht erreichbar. Doch wenn ich vor Augen habe, was Jesus für mich getan hat, kann ich anderen wohlwollend und wohltuend begegnen. Die Veränderung beginnt bei meiner Einstellung. Und dann kann ich jemanden segnen, noch bevor ich ihm begegne. Ich kann für ihn beten, ihm Gutes wünschen; das öffnet die Tür zur Annahme weit. Wer anfängt, Menschen zu segnen, baut eine Brücke von Herz zu Herz.

d) Gotteswort vor Menschenwort

Für Christen ist die Bibel *das* Buch. Hier lernen wir alles Wichtige über Gott und die Welt. Sie ist die Grundlage für den Glauben. Wer an Jesus glaubt, begründet sein Tun und Lassen mit Aussagen der Bibel.

Wie schnell sind wir dabei, die Bibel für eine Beurteilung zu zitieren? Wie schnell sind wir mit einfachen Antworten bei der Hand?

Mein Vater, später Leiter des christlich geführten Altenheims, in dem ich aufwuchs, wurde eines Tages von Ralf, einem seiner Mitarbeiter, auf seinen Hut angesprochen, den er üblicherweise trug. Kurz und knapp lautete die Botschaft: Einen Hut zu tragen ist unbiblisch – zumindest für einen Mann. Er hatte natürlich auch eine Erklärung für diese Regel parat: Die Bibel sagt, dass wir als Christen allezeit beten sollen. Außerdem heißt es, dass Männer beim Beten keine Kopfbedeckung tragen sollen. Deshalb sei es grundsätzlich ausgeschlossen, einen Hut zu tragen.

Nicht alle „bibeltreuen" Vorschläge und Gebote sind so amüsant. Leider. Immer wieder wird unreflektiert und oberflächlich mit Gottes Wort umgegangen. Zur Rechtfertigung der eigenen Auffassung, zum Schutz vor Anklagen oder zur Abgrenzung gegenüber anderen Frömmigkeitsstilen. Das wird der Bibel aber in keiner Weise gerecht. Vielmehr kommt unsere eigene verschüttete Heuchelei durch solch eine fromme Verbrämung zum Vorschein.

Es ist sicher gut, sich in der Bibel auszukennen, doch muss eine Auslegung schon zum Wesen Gottes und seinen Absichten passen. Deshalb plädiere ich für einen respektvolleren Umgang mit Gottes Wort und für einen vorsichtigeren, sorgfältigeren Gebrauch von Zitaten aus der Bibel. Viel zu oft wurden Bibelworte in unserem Mund zum zerstörenden Schwert, anstatt heilsame Botschaft zu sein. Da reden wir von der Liebe zum Wort und vergessen darüber die Liebe zu den Menschen.

Eine Szene aus dem Film *Breaking the Waves* (1996) kann deutlich machen, was ich meine.

> Die junge, leicht geistig behinderte Frau Bess McNeill verliebt sich in einen Arbeiter von der Ölplattform vor der Küste Schottlands. Nach einiger Zeit heiraten sie und alle sind glücklich. Sie geht schon seit ihrer Kindheit in die Kirche und pflegt eine sehr persönliche Beziehung mit Gott. Doch eines Tages kehrt ihr Mann verletzt von der Plattform zurück und ihre Ehe geht durch harte Zeiten. Er manipuliert sie, nutzt ihre Naivität aus und sie tut Dinge, die sie sonst niemals getan hätte – aus Liebe zu ihm. Mitbürger finden das heraus und es kommt zum Gerede. Eines Tages kommt sie wieder zu ihrem Lieblingsort, der kleinen Kirche, aber noch bevor sie die Türe öffnen kann, hört sie Stimmen von drinnen. Einige der Ältesten beraten gerade über ihre Zugehörigkeit zur Gemeinde. Ganz zum Schluss hört sie den Satz: „Aus Liebe zum Wort müssen wir sie aus

der Gemeinde ausschließen." Doch keiner hatte bis dahin mit ihr persönlich geredet.

Wie oft benutzen wir Gottes Wort, um unsere eigenen Interessen durchzusetzen? Wie oft verhalten wir uns als Herren der biblischen Wahrheit und sind nicht bereit hinzuhören, uns unter Gottes Wort zu stellen?

Das Neue Testament überliefert uns das Evangelium von Jesus Christus, die frohe Botschaft, nicht die Drohbotschaft. Das sollte man heraushören, wenn wir Gottes Wort in den Mund nehmen.

e) Richtig motiviert

Liebe und Zwang passen nicht zusammen. Ich kann niemanden zwingen, mich zu lieben. Und auch ich werde andere erst dann selbstlos lieben, wenn es freiwillig und ohne Hintergedanken geschieht.

Kann es vorkommen, dass wir eine liebevolle Tat tun, aber gar nicht den anderen meinen, sondern uns selbst? Es gibt Leute, bei denen habe ich den Eindruck, dass sie „Liebesdienste" tun – aus Pflichtgefühl. Sie „lieben", weil man als Christ eben lieben soll. Oder sie „lieben", weil das eine erfolgreiche Evangelisationsmethode ist, mit der man Menschen für Gott erreichen kann. „Liebe" ist für sie das, was Gott erwartet, was wir ihm schuldig sind.

Doch Liebe hat wenig mit Pflichtgefühl zu tun, sondern viel mit einem befriedeten Herzen und einem dankbaren Echo auf die Liebe, die wir von Gott erfahren haben.

Jeder sollte sich prüfen, was ihn antreibt, was ihn motiviert in Sachen Liebe. Ist die Liebe in unserem Herzen zu Hause?

Bis heute sucht Gott Menschen, die bereit sind, seine „Boten zu sein" (Jesaja 6,8). Doch er will Leute, die mit ihrem Herzen dabei sind und nicht nur mit der äußeren „Schale". Schon die Propheten des Alten Testaments kritisieren die sture Erfüllung gesetzlicher Äußerlichkeiten:

> So spricht der Herr: Dieses Volk gibt vor, mich zu ehren – doch sie tun es nur mit den Lippen, mit dem Herzen sind sie nicht dabei. Ihre Frömmigkeit beruht nur auf Vorschriften, die Menschen aufgestellt haben (Jesaja 29,13).

Ist nicht gerade in meinen Beziehungen die Einstellung meines Herzens am wichtigsten? Wenn es bei meinem Verkündigen und der Tat der Liebe nur um meine „christliche Pflicht" geht, ist das nicht wirklich Liebe für mein Gegenüber.

Ebenso zweifelhaft ist der „Liebesbeweis". Da kann es vielleicht vorkommen, dass wir etwas Bemerkenswertes tun – jedoch nur, um uns selbst zu beweisen, wozu wir fähig sind. So eine Art geistlicher Mutprobe. Ist sie erfolgreich, genieße ich das gute Gefühl meiner geistlichen Potenz. Oder ich steige in meiner Selbstachtung, wenn ich – aus „Liebe" – leiden muss.

Auch dieses Motiv ist falsch, denn Liebe meint nie mich selbst, sondern immer den Anderen.

Und dann ist da noch die „berechnende Liebe". Es kommt vor, dass Menschen gute Werke vollbringen, weil sie sich davon einen direkten Nutzen versprechen. Vielleicht meinen sie, damit Punkte bei Gott sammeln zu können. Oder sie versprechen sich einen Vorteil in den Beziehungen zu bestimmten Menschen.

Ich bemerke, wie ich viel zu oft nachdenke, bevor ich Hand anlege. Natürlich ist es gut, wenn man denkt, bevor man handelt. Aber die Vorstellung, mit meinem Engagement etwas Bestimmtes erreichen zu können, degradiert

Liebe und die Tat der Liebe zu einer Technik oder einem Bestechungsmittel.

Gott hat uns aufgefordert, unseren Nächsten zu lieben. Dieses Gebot erfüllen wir nicht dadurch, dass wir in seinem Namen oder aus Pflichtgefühl ihm gegenüber gute Werke tun. Wir sind aufgefordert, aufrichtig Liebende, wahre Freunde zu sein – ohne Hintergedanken.

Wenn uns etwas Frommes treibt, dann muss es die Liebe Gottes zu uns sein, die uns so tief getroffen hat. Die uns antreibt, dies auch für andere erlebbar zu machen. Die „Dankbarkeit für Golgatha", wie es ein Pastor in meiner Jugend immer wieder betonte.

Ganz ehrlich – wie steht's mit unserer Motivation?

f) Offene Worte

> Wovon das Herz erfüllt ist, das spricht der Mund aus! (Matthäus 12,34b).

Was Jesus hier sagt, stimmt – und stimmt auch wiederum nicht. Er hat Recht, wenn er feststellt, dass aus unserem Mund immer nur das herauskommen kann, was uns im Innersten bewegt.

Andererseits stelle ich jedoch bei mir selbst fest, dass ich nicht immer das rauslasse, was mich beschäftigt. Wenn mir etwas Zwischenmenschliches auf dem Herzen liegt, auf der Seele brennt, dann vergrabe ich das viel zu oft in meinen Gefühlen. Ich schweige; und wenn ich dann einmal rede, dann frage ich erst andere Menschen, was sie denn denken. Dabei mache ich sehr oft eine Mördergrube aus meinem Herzen. Gedanken beginnen zu gären, Vermutungen sprießen wie Pilze aus dem Boden. Doch die Person anzusprechen, die es betrifft, das fällt mir nicht ein.

Wieso verstecke ich mich und meine Gedanken so oft vor anderen Menschen? Fürchte ich ihre Reaktion oder ihr Urteil? Bin ich der Meinung, dass ich keinen wichtigen Beitrag zu leisten habe, dass meine Ansicht nichts zählt, ohne Bedeutung ist? Mir ist sehr wohl bewusst, dass wir an diesem Punkt unterschiedlich gestrickt sind. Für meinen Teil will ich mich für mehr Offenheit und Aufrichtigkeit entscheiden. Ich will, dass die Menschen wissen, was mich beschäftigt. Auch wenn ich mich dadurch angreifbar mache.

Ähnliches gilt natürlich für unser Reden über Gott und unseren Glauben. Sehr oft erwische ich mich dabei, dass ich „technisch" über meinen Glauben rede. Man hat mir beigebracht, welche Beispiele brauchbar sind; doch welcher Stil passt zu mir?

Ich habe jahrelang versucht, hier alles richtig zu machen – das ist mir weder gelungen noch war das Ergebnis sehr lebendig; eher so steril wie eine geputzte Teflonpfanne. Da habe ich von Gottes Wahrheit geredet, versucht, Beweise zu liefern, oder ich habe Gott verteidigt. Seltsamerweise war dabei jedoch viel zu selten davon die Rede, dass Gott mich unbeschreiblich lieb hat und dass ich in ihn verliebt bin. Das ganz natürliche Reden aus dem Herzen kam zu kurz.

Ich will offener von meinem Glauben sprechen und dabei noch mehr von dem reden, was mir Gott bedeutet und was ich für ihn empfinde. Dabei nehme ich in Kauf, dass die Menschen in meinem Umfeld etwas irritiert sind durch das, was ich sage und wie ich es sage. Sie werden aber in jedem Fall mitbekommen, was wirklich in meinem Inneren vorgeht.

Ein frisch verliebter junger Mann rennt ja auch vor lauter Begeisterung schon mal gegen eine Laternenmast und macht sich vor seinen Freunden und anderen Passanten zur Lachnummer, während er von seiner Flamme erzählt. Egal was er gesagt hat, er hat seine Botschaft vermittelt: Er ist verliebt.

Lasst uns offener und ehrlicher über unsere Liebe und unsere Zweifel Gott gegenüber reden. Aber eben nur das, was wirklich in uns steckt.

g) Wahrheit

„Was ist Wahrheit?", wird Jesus von Pilatus gefragt (Johannes 18,38). Manchmal habe ich den Eindruck, dass Wahrheit die Waffe der Rechthaber ist. Man schlägt sich Wahrheiten um die Ohren und will damit den anderen besiegen.

Jesus definiert Wahrheit neu, anders.

Ich bin der Weg, ich bin die Wahrheit, und ich bin das Leben! (Johannes 14,6).

Jesus als Wahrheit – das bedeutet, dass wir unsere Vorstellungen von Wahrheit neu überdenken müssen. Was wir als Wahrheit erkennen, muss sich an seinem Leben messen lassen.

Lebendige Wahrheit

In der Zeit, in der Jesus als Mensch auf der Erde lebte, war er da: berührbar, hörbar und sichtbar für seine Umgebung. Sein Leben war folgenreich und er hinterließ Spuren in den Leben der Menschen, die ihm begegneten. Ganz besonders bei denen, die ihn liebten und die er liebte – seinen Jüngern. Johannes wurde davon vielleicht am stärksten geprägt. Sein Evangelium beschreibt das Wirken Jesu nicht in erster Linie als eine Aneinanderreihung von Geschichten. Weniger die Historie ist für ihn wichtig, als vielmehr das Herz des Ganzen, das Herz dieses Jesus.

Was Jesus ausmacht, was ihn auszeichnet, ist sein Leben – das Leben einer ungewöhnlichen Persönlichkeit. Johannes sieht Jesus im großen Zusammenhang:

> Das Wort wurde Mensch und lebte unter uns (Johannes 1,14a).

Jesus ist das Wort Gottes, das Mensch wurde – eine fleischgewordene Botschaft. Er war nicht nur ein Zeichen der Liebe Gottes. Er war *das* Wort, lebte als Gott unter den Menschen. Für uns eigentlich nicht vorstellbar: Gottes Liebe wurde Fleisch und Blut. Sein ganzes Leben und sein Tod am Kreuz waren die Übersetzung seiner Botschaft. Er liebt die Menschen, vor allem die Sünder. Jesus liebt selbst den, der ihn verraten wird. Mit seinem Leben prägt er das Leben seiner Jünger.

Wenn Jesus dann zur Nachfolge auffordert, dann heißt das nicht nur „Verkündigt das Evangelium!" und „Lehrt sie!", sondern vielmehr „Macht zu Jüngern!". Das hat viel weniger mit Worten als mit Leben zu tun.

Wie sieht Nachfolge als Jünger Jesu heute aus? Natürlich reden wir von Jesus und verkündigen Gottes Botschaft auf möglichst kreative Weise. Doch es ist noch immer ein ganzheitlicher Auftrag. Seit Jesu Himmelfahrt sind *wir* seine Hände, die gerne Menschen trösten, heilen und aufbauen wollen. Wir sind *seine* Botschafter, *sein* Brief, *seine* Augen, *sein* Mund. In und durch uns wird Jesus heute Mensch unter Menschen.

Die Wahrheit Jesu zu haben, bedeutet Jesus zu leben.

Aufrichtige Wahrheit

Wahrheit stellt sich der Wirklichkeit, auch wenn sie sich damit verletzlich und angreifbar macht.

Nach menschlichen Vorstellungen erscheint es nicht sehr klug oder logisch, doch Jesu Leben zeichnet sich aus durch – Schwachheit. Gott kommt auf die Welt als kleines, hilfloses Kind. Er lebt in Armut und Einfachheit. Und er stirbt den Tod eines Verfluchten – das ist alles unterste Schublade.

Die Wahrheit Jesu ist offensichtlich an Schwachheit geknüpft und nicht an Stärke. Seine Krone ist das schrecklichste Folterinstrument der Weltgeschichte.

Ganz anders wir, seine Nachfolger. Wie oft wollen wir stark und perfekt wirken. Wir geben uns keine Blöße und tragen ein Lächeln auf den Lippen, denn wir haben „die Wahrheit" gepachtet.

Doch halt! Wenn ich schwach bin und so tue, als wäre ich stark – „stark in dem Herrn", wohlgemerkt –, dann lüge ich.

Jesu Wahrheit und die Schwachheit sind Geschwister. Der Apostel Paulus hat das wohl am eigenen Leib gelernt, wenn er schreibt:

> Aber er (Jesus) hat zu mir gesagt: „Meine Gnade ist alles, was du brauchst! Denn gerade wenn du schwach bist, wirkt meine Kraft ganz besonders an dir" (2. Korinther 12,9a).

Schwächen und Fehler sind eine starke Botschaft, doch wir haben uns von diesem Geheimnis weit entfernt.

In einer Welt voller Verletzungen, Schmerz und Schuld hilft aber nur die Wahrheit, die Schwäche zulässt. Wirklich authentisch sind wir nur *mit* unseren Schwächen, unseren Zweifeln und unserer Schuld – und mit der Offenheit, auch darüber zu sprechen; zumindest mit denen, die uns wichtig sind. „Zugegebene Schwäche ist unbesiegbar."

Und sagt: »Auf Morgen ist Sankt Crispian!«,
Streift dann die Ärmel auf, zeigt seine Narben ...
Denn welcher heut sein Blut mit mir vergießt,
Der wird mein Bruder; sei er noch so niedrig ...

(William Shakespeare in: König Heinrich V. aus: Sämtliche Werke in vier Bänden. Band 3, Aufbau, Berlin 1975)

Klärende Wahrheit

Johannes sah in Jesus Wahrheit, die zugleich fest und sanft sein konnte.

... und wir sahen seine Herrlichkeit [...], voller Gnade und Wahrheit (Johannes 1,14; *Luther*).

Bei Jesus finden Gnade und Wahrheit gemeinsam ihren Weg. Wir neigen eher zur Einseitigkeit.

Sicher, die Bibel bezeichnet gewisse Taten und Verhaltensweisen ausdrücklich als Sünde, als Zielverfehlung. Aber sie trennt auch deutlich zwischen der Behandlung von Sünde und dem Sünder. Wie selten gelingt mir diese Trennung.

Schnell sind wir bereit, über Hurerei oder Ehebruch und deren Täter freimütig zu richten und entsprechend unseres Urteils zu handeln. Dabei stehen auf der gleichen „schwarzen Liste" im Neuen Testament Geiz und Gier. Haben wir hier etwas übersehen?

Wir erinnern uns gut an das alttestamentliche Strafmaß Steinigung, wenn das Thema „Homosexualität" ins Spiel kommt. Dass diese Strafe aber auch auf „Sabbatschändung" und „Eltern-Hass" stand, das haben wir wohl vergessen.

Wie oft ist unsere „volle Wahrheit" nicht die ganze Wahrheit?!

Ich bin vorsichtig geworden über die Jahre. Hoffentlich ist auch ein großes Maß an Gnade dazugekommen. Wenn ich heute eine ernste Wahrheit oder ein schmerzliches Thema an einen anderen Menschen weiterzugeben habe, dann kommt meiner Haltung eine entscheidende Bedeutung zu. Wie bringe ich einem geliebten Kind bei, dass es etwas falsch gemacht hat? Vielleicht sehe ich dann auch mal über etwas hinweg und meine Liebe „rechnet das Böse nicht zu" (1. Korinther 13,5; *Luther*).

Wahrheit ohne Liebe macht eitel.

Wahrheit ohne Liebe macht kritisch.

Wahrheit ohne Liebe macht brutal.

Wahrheit ohne Liebe ist toter Buchstabe.

Wahrheit ohne Liebe ist lieblos.

Liebe ohne Wahrheit ist unwahrhaftig

Liebe ohne Wahrheit ist Heuchelei.

Die Wahrheitsfrage ist ein hervorragendes Trainingsfeld für die Liebe. Die Frage ist nur: Will ich mich darauf einlassen?

Offensichtliche Wahrheit

Gottes Wahrheit muss sich nicht verstecken. Vielmehr sucht sie das Licht, lässt sich prüfen und erweist sich im Test als wahr und gültig.

Davon schreibt Johannes in seinem Evangelium:

Wer aber die Wahrheit Gottes liebt und das tut, was er will, der tritt ins Licht! An ihm zeigt sich: Gott selber bestimmt sein Handeln (Johannes 3,21).

In diesem Vers geht es nicht um ein bestimmtes Ergebnis, das zu erzielen wäre. Es geht um die Haltung des Menschen. Er liebt Gott und ist bereit, sich von Gott durchleuchten zu lassen. Was dabei „ans Licht kommt", ist der eindeutige Beweis dafür, dass Gott hier am Wirken und Handeln ist.

Demnach scheint der angemessene Aufenthaltsort der Christen in Gottes Gegenwart, in Gottes Licht zu sein.

> Leben wir aber im Licht, so wie Gott im Licht ist, dann haben wir Gemeinschaft miteinander. Und das Blut, das sein Sohn Jesus Christus für uns vergossen hat, befreit uns von aller Schuld (1. Johannes 1,7).

„Wahre Nachfolge" heißt dann, sich diesem Licht Gottes zu stellen, wo immer ich bin. Nicht Selbstbespiegelung oder -zerfleischung, sondern Bereitschaft, dass Gott mir dazwischenfunkt. Aber ich vermute und habe die Erfahrung gemacht, dass das schwerer ist, als sich an bestimmten Taten oder Regeln zu orientieren.

Halten wir unser Herz im Auge! Früher sagte mal ein heiliger Mann: „Stell dir vor, dass Jesus jetzt neben dir sitzt – zu jeder Zeit, an jedem Ort. Kann er gutheißen, was du denkst, tust oder sagst?"

Der Gedanke mag beunruhigen, doch er kann eine Hilfe sein, zu jeder Zeit und an jedem Ort ein lebendiger Zeuge Jesu zu sein – mit Herzen, Mund und Händen.

h) Vergebung

Eines der größten Hindernisse zu gelebter Begegnung und Liebe in meinem Leben waren die Verletzungen und Erinnerungen, die ich mit mir herumgetragen habe. Was sollte ich damit machen? Einerseits musste ich selbst an mir arbeiten und Wege suchen, um damit klarzukommen und Heilung zu finden. Andererseits gab es etwas, das wir nicht unterschätzen sollten: Vergebung!

Wir brauchen Vergebung.

Vergebung für Menschen, die unmittelbar mit unseren negativen Erfahrungen und Erlebnissen zu tun haben und dabei oft nicht ganz unschuldig sind. Hier gilt es, sich selber zuzugestehen, dass diese Menschen falsch lagen und uns wehgetan haben. Und dann gilt es zu vergeben.

Das ist einfacher gesagt als getan. Letzte Woche habe ich während eines Gesprächs bemerkt, wie sehr mir eine Frau in meiner Kindheit wehgetan hat. Ich habe das immer überspielt – „um des lieben Friedens willen". Aber auf einmal brach es aus mir heraus.

Die Bibel redet sehr deutlich von unserer Pflicht zu vergeben. Gottes Vergebung wird nur in dem Maß für uns gültig, wie „wir vergeben unseren Schuldigern".

Prüfen wir uns also: Habe ich den Menschen vergeben? Ganz besonders denen, die mich gerade in nahen Beziehungen verletzt und damit behindert haben? Wenn ich das nicht tue, werde ich in erster Linie mich selber behindern. Mit jeder unvergebenen Sache verneble ich mir selbst den Blick. Meine Gegenwart und meine Zukunft werden beschnitten. Vergib um deiner selbst willen! Festhalten – ob bewusst oder unbewusst – wirkt wie eine Fessel.

Vergebung brauchen wir aber auch für uns selbst. Ich brauche sie für all meine direkten Reaktionen, die nicht richtig waren. Da habe ich also zurückgeschlagen – wenn auch nur mit Worten – und versuche, das dann noch mit „logischer Konsequenz" zu rechtfertigen. „Der braucht sich gar nicht zu wundern, wenn ich dann so oder so reagiere!" Auch wenn vieles zu verstehen ist, Schuld lässt sich so niemals rechtfertigen. Es ist an uns, Gott und

– peinlicherweise – vielleicht auch den „Erst-Täter" um Vergebung zu bitten; den Menschen, an dem ich schuldig geworden bin.

Manchmal brauchen wir auch Vergebung für Dinge, die wir anderen schuldig geblieben sind. Vielleicht haben wir es zugelassen, dass unsere eigenen Befürchtungen oder Ängste zur bestimmenden Größe in unseren Beziehungen wurden? Ich will das an einem eigenen Beispiel beschreiben:

> In meiner Kindheit habe ich sehr oft erlebt, wie sich Ehepaare gegenseitig fertiggemacht haben. Einige waren in der Beratung bei meinen Eltern gewesen, mitunter haben wir als Kinder auf die Kinder der Paare aufgepasst. Manchmal hörten wir die gegenseitigen Vorwürfe und das Geschrei. Das hat sich bei mir festgesetzt. Teilweise habe ich die einzelnen Situationen oder Gesichter lange vor Augen gehabt und mitunter auch Einzelnen etwas nachgetragen. Aber viel schlimmer war, dass ich mit der Zeit Angst hatte vor nahen Beziehungen, insbesondere vor der Ehe. Dass ich trotzdem geheiratet habe, ist die eine Seite der Medaille. Die andere ist, dass ich meiner Frau über Jahre „Harmonie" abgetrotzt habe. Ich war nicht natürlich, ich hatte Angst vor ähnlichen Tragödien und habe damit viel Schaden in meiner eigenen Ehe angerichtet. Meine Frau hat geerntet, was ich in mich hineingefressen hatte.

Welche Bedeutung hat Vergebung für unser (Zusammen) Leben?

Wenn ich nicht vergebe, werde ich den Menschen nicht mehr gerecht. Mag meine Verweigerung noch so verständlich sein, sie ist trotzdem falsch. So werde ich nur schuldig als Folge von der Schuld, die andere an mir begangen haben. Dabei hätte ich die Chance, diesen Teufelskreis aufzubrechen – durch Vergebung. Das geht nicht immer sofort, aber es darf auch nicht zu lange dauern.

Ähnlich ist es, wenn ich mich davor drücke, zu meinem Versagen zu stehen und einen anderen um Vergebung zu bitten. Ich kann ihm nicht mehr offen begegnen und werde ihm in der Folge die Liebe schuldig bleiben, die ihm eigentlich von Gott her zusteht.

In jedem Fall aber leidet meine Beziehung zu Gott, wenn ich keine Vergebung suche. Ob ich nun nachtragend bin oder selbstgerecht – mit Gott bin ich nicht mehr im Reinen.

i) „Hier bin ich"

In einer beeindruckenden Vision hört Jesaja, der Prophet aus dem Alten Testament, die Stimme Gottes. Gott ist auf der Suche nach einem Boten, den er zu seinem Volk senden kann. Jesaja meldet sich mutig zu Wort:

Ich bin bereit, sende mich! (Jesaja 6,8).

Und so kommt es, dass Gott Jesaja losschickt in eine schwierige gesellschaftliche Situation. Jesaja muss heraus aus seiner Komfortzone und den Mund aufmachen für seinen Gott.

Jeder von uns hat seine Komfortzone. Da fühlen wir uns sicher und sind mit der Umgebung vertraut. Wir wissen, was wir wie tun müssen, was „richtig" ist, und wir bekommen keine unbequemen Fragen gestellt. Alles im Griff, alles unter Kontrolle.

Jeder hat seine Komfortzone. Auch die Jungs auf der Straße, die es in unseren Augen nicht unbedingt so komfortabel haben. Doch sie fühlen sich hier wohl unter den Kumpels. Man spricht die gleiche Sprache und teilt denselben Frust.

Natürlich gibt es auch die christliche Komfortzone. Wir machen es uns bei Jesus gemütlich, treffen uns nur mit Gleichgesinnten, sprechen eine eigene Sprache und teilen so manche Abneigung.

Doch Jesus schickt seine Jünger aus der Komfortzone hinaus in eine Welt, die durchaus unbequeme Überraschungen bereithält:

> Hört mir zu: Ich schicke euch wie Schafe mitten unter die Wölfe (Matthäus 10,16a).

Petrus bekommt das von Jesus sogar noch ganz persönlich zugesprochen:

> Ich sage dir die Wahrheit: Als du jung warst, hast du dir selber den Gürtel umgebunden und bist gegangen, wohin du wolltest. Im Alter aber wirst du deine Hände ausstrecken; ein anderer wird dir den Gürtel darumbinden und dich dorthin führen, wo du nicht hingehen willst. Damit deutete Jesus an, durch welchen Tod Petrus einmal Gott ehren würde (Johannes 21,18f).

Es ist nicht leicht, die eigene Komfortzone zu verlassen und sich auf etwas Unbekanntes einzulassen. Der Missionsauftrag war für die Jünger aus der jüdischen Kultur eine riesige Herausforderung. Es kam deshalb auch immer wieder mal zu Reibereien und Konflikten.

Man muss es wollen. Man muss sich dafür entscheiden, loszugehen. Einmal und grundsätzlich, und dann jeden Tag neu. Wir müssen unsere Hingabe immer wieder auffrischen: Jesus, ich will mit dir leben. Ich will dir folgen. Ich will deine Werke tun. Ich will lieben.

Liebe ist eine Entscheidungssache, die im Herz – wir würden heute sagen: im Kopf – beginnen muss. Ein Gefühl von Verliebtheit kommt überraschend und geht erschreckend schnell. Liebe aber ist auf Dauer angelegt und braucht Ausdauer.

Klar, Gott hat seine Liebesfähigkeit, sein Liebes-Gen bei uns eingebaut, als wir Christen wurden. Doch wir müssen jeden Tag neu auf unser Veto verzichten.

Je herausfordernder die Menschen in meinem Umfeld sind, je anstrengender ihr Stil und je fremder ihre Kultur ist, desto mehr brauche ich für jeden Tag neu den Entschluss: Ich will dich lieben wie Jesus.

Mit welchen Entscheidungen starten wir in den Tag?

j) Revolution

Bei einer Revolution geht es drunter und drüber. Da ändert sich die Welt schlagartig. Es gelten plötzlich neue, andere Regeln.

Ich bin für Revolution. Für eine Revolution in Sachen Liebe. Ich sehne mich danach, dass wir Christen durch gelebte Jesus-Liebe unsere Welt auf den Kopf stellen.

Doch Revolutionen beginnen nie auf der Straße, sondern immer in den Köpfen und Herzen der Menschen. Eine Liebes-Revolution der Christenheit beginnt in den Herzen der Christen.

Sind wir bereit für diese Revolution? Für mich ist es immer noch das größte Wunder, wenn sich etwas in mir verändert. Ich weiß von den Zeichen in der Bibel, den Heilungen und Sturmstillungen, und ich weiß auch, dass es das heute noch gibt. Gott ist derselbe Gott, damals wie heute. Aber was er nicht kann (oder will) – und das liegt wohl an der Freiheit, die er mir lässt –, das ist, meinen Willen so zu biegen, wie er ihn brauchen kann.

Gott will mein Leben, mein Herz ansprechen, revolutionieren. Er wartet nur noch auf meine Erlaubnis, an meinem Innersten zu arbeiten:

- Darf ich deinen persönlichen Moralkodex hinterfragen, der dir selbst wichtiger ist als die Beziehung zu anderen?

- Darf ich dein Ansehen und deine Frömmigkeit infrage stellen, die dich aus Sorge um eine weiße Weste von Menschen fernhalten, die deine Liebe brauchen?

- Bist du bereit, mehr Fehler zu machen auf dem Weg zu den Menschen um dich herum, anstatt dich hinter „Richtigkeiten" oder „Reinheiten" zu verstecken?

- Darf ich dir beibringen, dass es für mich einen Unterschied gibt zwischen Sünde und einem Sünder?

- Darf ich deine Einstellung zu deinem Nächsten infrage stellen und verändern?

Wenn Jesus sich in dein und mein Leben einmischt, dann steht manches Kopf. Das heißt – eigentlich kommt dann manches wieder auf die Füße. Jesus stellt ja wieder richtig, was wir verdreht haben.

Die Liebes-Revolution beginnt in den Herzen der Christen. Bist du dazu bereit? Die Welt lässt sich nur durch „gute Nachbarn" verändern – einen nach dem anderen.

7. Lieben mit Hand und Fuß

Lieben geht nicht auf Distanz. Liebe ist kein philosophisches Gedankenspiel. Liebe ist Tat, Leben, Aktion. Du kannst die schlausten Reden über die Liebe halten und trotzdem lieblos sein, wenn du nicht anpackst und spürbar liebst.

Liebe, die nicht gelebt wird, ist tot. Das macht Jakobus unmissverständlich klar:

> Stellt euch vor, in eurer Gemeinde sind einige in Not. Sie haben weder etwas anzuziehen noch genug zu essen. Wenn nun einer von euch zu ihnen sagt: „Ich wünsche euch alles Gute! Hoffentlich bekommt ihr warme Kleider und könnt euch satt essen!", was nützt ihnen das, wenn ihr ihnen nicht gebt, was sie zum Leben brauchen? Genauso nutzlos ist ein Glaube, der sich nicht in der Liebe zum Mitmenschen beweist: Er ist tot (Jakobus 2,15–17).

Gott liebt nicht theoretisch, sondern praktisch. Sehen wir noch einmal auf den Anfang des Johannesevangeliums:

> Das Wort wurde Mensch und lebte unter uns (Johannes 1,14a).

Mit anderen Worten: „Gott wurde Mensch und zog in unsere Nachbarschaft". Andere übertragen diesen Satz folgendermaßen: „Gott wurde Mensch und schlug sein Zelt neben uns auf."

Was hat Jesus da getan? Es sind zwei Dinge, die Johannes hier ausdrückt – und sehr lange dachte ich nur an das zweite.

Dieser zweite Schritt der Mission von Jesus war: Er kam zu uns, wurde Mensch, wurde erreichbar und verletzlich – was für ihn tödlich endete. Das tat er, weil er mit uns in intensivsten Kontakt kommen wollte. Er wollte uns Menschen nahe sein, uns berühren und sich berühren lassen. Es ging ihm nicht nur um die Wunder, die dann oft folgten, sondern um den Kontakt, den ganz direkten Kontakt mit den Menschen. Gerade mit denen, die von anderen gemieden und ausgegrenzt wurden. Sie, die „Zöllner und Sünder", ließ Jesus an sich heran. Ganz nah, ohne Bodyguard und Schutzhandschuhe.

Vor dem zweiten Schritt tat Jesus aber noch einen anderen, ersten Schritt: Er verließ sein himmlisches Zuhause. Ich frage mich, ob das nicht sogar der größere und schwierigere Teil seines Weges war. Wenn man sich überlegt, was er da zurückließ: den Himmel selbst, Sicherheit, Frieden, Reinheit, hautnahen Kontakt mit dem himmlischen Vater ... Das alles ließ er hinter sich, um zu uns zu kommen.

Liebe ist spürbare Tat. Dafür hat Jesus den Himmel hinter sich gelassen und ist in unsere Nachbarschaft gezogen.

Johannes hat das verstanden. Deshalb schreibt er in seinem ersten Brief von Jesu Vorbild und von der praktisch gelebten Liebe:

> Doch wer nach dem lebt, was Gott gesagt hat, an dem zeigt sich Gottes ganze Liebe. Daran ist zu erkennen, ob wir wirklich mit Christus verbunden sind. Wer von sich sagt, dass er zu Christus gehört, der soll auch so leben, wie Christus gelebt hat. (...) Nur wer seine Geschwister liebt,

der lebt wirklich im Licht. An ihm lässt sich nichts Anstö-
ßiges finden (1. Johannes 2,5–10).

Deshalb, meine Kinder, lasst uns einander lieben: nicht
mit leeren Worten, sondern mit tatkräftiger Liebe und in
aller Aufrichtigkeit. Daran zeigt sich, dass die Wahrheit
unser Leben bestimmt. So können wir mit einem guten
Gewissen vor Gott treten (1. Johannes 3,18f).

Was bedeutet das nun ganz praktisch für uns? Ich werde
in den folgenden Abschnitten einige Schritte aufzeigen,
die wir gehen können – vielleicht sogar gehen müssen –,
damit wir wirklich lieben wie Jesus.

a) Einfach da

Vom Zuspruch des Evangeliums habe ich ja schon
vorher gesprochen. Mir tut das richtig gut. Da kann ich
schwarz auf weiß lesen, wer und was ich *bin*, was es
bedeutet, Gottes Kind zu sein. Nicht Zukunftsmusik oder
Vertröstung auf eine mögliche, vielleicht eintreffende
Zeit in weiter Ferne. Nein, in den meisten Fällen heißt es:
„Ihr seid ...!" Das gilt jetzt und hier.

Wenn wir das für uns dann auch in Anspruch nehmen,
hat das natürlich meist weitreichende Folgen. Schauen
wir uns das doch mal an einem bekannten Beispiel an:

Ihr seid für die Welt wie Salz. Wenn das Salz aber fade
geworden ist, wodurch soll es seine Würzkraft wiederge-
winnen? Es ist nutzlos geworden, man schüttet es weg,
und die Leute treten darauf herum (Matthäus 5,13).

Ich möchte diesen Vers jetzt nicht in allen Einzelheiten
auslegen und auch nicht über die speziellen Eigenschaften von Salz reden. Doch da gibt es zwei – fast banale –
Einsichten im Zusammenhang mit dem Salz-Vergleich:

1. Die Bestimmung von Salz ist: Wirkung. Egal ob es desinfizieren, reinigen, würzen oder auftauen soll – Salz soll wirken.

2. Salz kann seine gewünschte Wirkung nur dann entfalten, wenn es dort hinkommt, wo es wirken soll.

Das lässt sich natürlich prima auf uns Christen übertragen. Wir haben auch eine Bestimmung: Wir sollen wirken, das heißt, unsere Mitmenschen lieben. Diese Bestimmung können wir aber nur dann erfüllen und ausleben, wenn wir auch genau dort sind, wo wir lieben sollen: bei unseren Mitmenschen eben.

Um wirken zu können, braucht man also Berührungspunkte. Die können meiner Meinung nach gar nicht groß genug sein. Das gilt für uns Christen genauso wie für das Salz aus dem Vergleich Jesu.

Salz gehört in die Suppe. Es gehört dorthin, wo es wirken kann und soll! Natürlich verliert es dabei womöglich seine Form und die Fassung, es geht auf in der Suppe und lässt sich dann nicht mehr vom Rest der Suppe unterscheiden. Doch das ist genau richtig, denn jetzt ist das Salz in seinem Element.

Genauso gehören wir Christen in die Welt, mitten unter die Menschen. Wir sollen nicht über unseren Geschmack reden oder unsere Möglichkeiten anpreisen – das wäre nur die Werbung auf der Verpackung. Nein, wir sollen unter die Menschen und wirken; auch wenn man uns dann vielleicht nicht mehr so klar unterscheiden kann.

Wenn Salz zu lange mit sich allein in der Packung bleibt, dann wird eintreten, was eintreten muss. Es kommt zu einer ganz normalen chemischen Reaktion und das Salz wird klumpen. Damit ist jedoch die Bestimmung verfehlt und die erhoffte Wirkung bleibt aus.

Christen gehören in die Welt, ran an die Menschen. Wir können unsere Bestimmung nicht wirksam leben, wenn wir uns die Welt vom Hals halten. Wir müssen ran an die Leute. Wie anders sollten denn die Menschen erreicht werden in den Billardclubs, den Kegelvereinen, auf den Krankenstationen, in den Altenheimen, in den Schulen oder Büros dieser Welt? Wie sonst kommen die Menschen in Berührung mit dem köstlichsten Gut, nach dem sie sich alle sehnen: Annahme, Akzeptanz, Nähe, Liebe ...?

Wir müssen einfach da sein!

Da war Marie. Sie kam seit ein paar Wochen zu unserer Essensausgabe und wir lernten sie langsam kennen. Ihr Mann kam mit. Gleich am ersten Tag stellte er sich mir vor. „Glück auf, ich bin der Max. Wenn ihr mal Hilfe braucht, bin ich gerne dabei." Mit diesen Worten klappte er sein Jackett auf und zeigte seine kleinkalibrige Waffe, die im Gürtel steckte. Er hatte mit dem Begriff „Heilsarmee" wohl noch nicht so sehr viel anfangen können. Ehrlich gesagt: Sicherer fühlte ich mich in seiner Gegenwart nicht unbedingt.

Marie war sehr scheu und manchmal ziemlich schusselig. Trotzdem half sie, wo sie konnte. Sie kam mit ihrem Mann auch zu unserer Feier an Heilig Abend, die ganz bewusst für einsame Leute ohne Familienanschluss angeboten wurde. Es war unser erstes Jahr in dieser Kleinstadt im Erzgebirge und doch fanden sich 35 Gäste ein.

Einige Monate später machte ich einen Besuch bei Max im Krankenhaus. Man hatte ihn im Wald gefunden, wo er zusammengeklappt war. Auf dem Weg zu seinem Zimmer kam mir eine Frage in den Sinn. Ich hatte den Eindruck, dass ich sie Max stellen sollte: „Max, wenn man dich bei einem nächsten Mal nicht früh genug findet, wo wirst du dann aufwachen? Hast du das geklärt?" Normalerweise gehe ich nicht so direkt auf Menschen zu. Auch wenn ich Leute schon eine Weile kenne, bin ich mit Ewigkeitsdingen immer sehr vorsichtig. Er winkte ab: „Ach Frank, Unkraut vergeht nicht." Wir unterhielten uns dann mehr oder weniger fröhlich über dies und das. Doch der Eindruck ging mir nicht aus dem Kopf und so fragte ich beim Abschied: „Max, was wird aus dir am Tag nach dem Datum auf deinem Grabstein?" Wieder ging er darüber hinweg; so blieb die Frage unbeantwortet.

Am nächsten Tag entließ sich Max auf eigenes Risiko selber aus dem Krankenhaus und rief später bei seiner Frau an und sagte: „Marie, gleich kommen zwei Männer vorbei. Die haben schon für dich bezahlt." Marie suchte das Weite. Als sie jedoch drei Tage später etwas aus ihrer Wohnung holen wollte, fand sie Max tot auf dem Boden liegen.

Doch hier endet die Geschichte nicht. Einen Tag später tauchte sie wieder bei uns auf und erzählte ihre wahre Geschichte. Immer wieder war sie mit blauen Flecken bei uns aufgetaucht. Und immer waren die Erklärungen ähnlich. Eine vorstehende Kante, ein Kellertreppenvorsprung oder die Schranktür. Sicher, Marie war tatsächlich schusselig und hatte sich dadurch manchen blauen Fleck zugezogen. Doch jetzt stellte sich heraus, dass die meisten Blutergüsse von ihrem Mann stammten. Und die schlimmsten Prügel, so gab sie jetzt zu, hatte sie am oben erwähnten Heiligen Abend bekommen, gleich nach unserer Feier. Der Grund dafür war ich gewesen, denn Marie hatte gewagt, sich neben mich zu setzen, und Max war eifersüchtig geworden.

Es ist ganz und gar nicht gefahrlos, wenn man bereit ist, Menschen näher an sich heran zu lassen, beziehungsweise selber aktiv Menschen näher zu kommen. Aber gerade die verzweifeltsten Männer und Frauen werden ihre eigentlichen Gesichter und Probleme erst zeigen, wenn man ihnen nah genug ist. Und gerade dort wird unser „Salz" gebraucht. Gewalt oder Alkoholismus in der Familie sind in unserem Land Tabus. Hinter den Mauern aus

Schweigen und Heuchelei zerbrechen sowohl viele direkt Betroffene als auch Familienmitglieder im Umfeld. Die meisten Betroffenen haben eben keine Freunde, die nah genug sind, um diese Nöte anzusprechen. Dabei stimmt natürlich, dass es sehr stressig werden kann, wenn man hinter die Fassaden blickt.

Maries Geschichte war mit dem Tod ihres Mannes noch nicht zu Ende. Eine Zeit lang ging es ihr relativ gut, bis sie einen neuen Mann kennenlernte, Paul. Bald danach spielten sich schon wieder Dramen ab. Im folgenden Winter kam ich eines Abends spät mit meiner Familie nach Hause. Es hatte geschneit und als wir auf unseren Hof fuhren, bewegte sich auf einmal die Schneedecke auf der Bank vor unserem Haus. Darunter fanden wir Marie. Sie war abgehauen und hatte nicht mehr gewusst, wohin sie gehen sollte. So war sie die 40 Kilometer gefahren, um bei uns Unterschlupf zu finden. In den Tagen danach konnte sie bei uns wohnen, blieb dann einige Wochen, lernte Jesus kennen und taute richtig auf. Irgendwann war sie wieder verschwunden und wir hörten erst wieder von ihr, als erneut ein Hilfeschrei kam. Einmal wurde ich von ihr gebeten, ihr dabei zu helfen, ihre restlichen Sachen aus der Wohnung des ebenfalls gewalttätigen Paul zu holen. Dort kam es zum Handgemenge und Paul nahm sich mich zur Brust. Spätestens hier war ich sehr froh, dass ich noch jemanden dabei hatte, der in diesem Moment die Polizei rufen konnte. Die kam auch in weniger als drei Minuten – der Herr war stadtbekannt und bei Nennung der Adresse war wohl alles klar ...

Einige Wochen später war ich zum ersten Mal aus gesundheitlichen Gründen verhindert, unsere Einrichtung im Erzgebirge zu besuchen – und ich bin bis heute dankbar für die Erkältung. Denn an dem Nachmittag bekam ich einen Anruf von unserem Leiter vor Ort. Er sagte zu mir: „Frank, gut, dass du heute nicht gekommen bist. Paul war hier und wollte dich treffen, er hatte eine Pistole dabei und war ziemlich sauer auf dich."

Wenn wir in Berührung mit den Menschen und ihren
Nöten kommen, werden ihre Probleme nicht bei ihnen
bleiben. Sie werden Teil von unserem Leben werden,
wenn wir aufrichtig und ohne Hintergedanken Kontakt
bekommen, Kontakt halten und womöglich vertiefen.
Doch genau das bedeutet es, Salz zu sein.

Christlicher Spagat

Christen sollen sich deutlich von der Welt, in der sie
leben, unterscheiden. Gleichzeitig sind sie hineingesandt
mitten in diese Welt. Ein Spagat, der uns ganz schön fordert. Doch das ist unsere Bestimmung, die Jesus selbst
uns mitgegeben hat:

> Sie gehören ebenso wenig zur Welt wie ich. (...) Wie du
> mich in die Welt gesandt hast, so sende ich sie in die Welt
> (Johannes 17,16–18).

Was bedeutet dieses „in der Welt, aber nicht von der
Welt" für unseren Alltag?

Es bedeutet permanente Konfrontation und gleichzeitig doch immer auch Arrangement mit der Kultur, in der
wir leben. Wir fühlen uns ein in unsere Welt und weigern
uns gleichzeitig, in Zeitgeist und Kultur aufzugehen. Das
ist eine Spannung, in der es zu leben gilt.

Ich glaube, dass wir zu sehr der Spannung ausweichen
und sicherheitshalber eine etwas abgehobene Haltung
eingenommen haben. Klar, es soll ganz offensichtliche Unterschiede im Leben der Christen geben. Unterschiede ...

... in der Qualität unserer Liebe.

... in der Art, wie wir unser Geld ausgeben.

... in der Art, wie wir mit anderen umgehen.

... in der Art, wie wir unser Auto parken.

... durch unsere Authentizität.

... durch unsere Integrität.

Aber gleichzeitig sollen wir uns ganz hineingeben in diese Welt, um sie zu verändern – als Salz in der Lebenssuppe.

In Punkto Liebe bedeutet das: Wir lieben diese vergängliche Welt nicht und sind gleichzeitig bereit, aus Liebe für die Menschen in dieser Welt alles zu geben.

Nur so können und werden wir Menschen sein, durch deren Leben und Lebensstil das Wesen und die Identität Gottes hindurchstrahlen.

Deshalb müssen wir einfach da sein. Unser Platz ist mitten in unserer postmodernen Kultur und nicht in den frommen Ghettos. Nur so können wir Instrument der Veränderung und Anschauungsmodell für Gottes Gesellschaft sein.

b) Näher an den Rand

Bei über sechs Milliarden Menschen auf der Erde ist es gar nicht so leicht, bei den Menschen zu sein. Es sind zu viele und wir können nicht immer und jedem helfen, selbst wenn wir wollten.

Also schaue ich hin und versuche zu entdecken, wie Jesus es gemacht hat. Wie sah denn seine spezielle „Zielgruppe" aus?

Die Evangelien berichten davon, dass Jesus zunächst einmal jeden an sich heran gelassen hat, der etwas mit ihm zu tun haben wollte: Juden, Heiden, Zöllner, Griechen, Prostituierte, Säufer, Pharisäer ...

Allerdings schien er bestimmten Menschen eine ganz besondere Einladung ausgesprochen zu haben:

Kommt alle her zu mir, die ihr euch abmüht und unter eurer Last leidet! Ich will euch Ruhe geben (Matthäus 11,28).

Aus dieser Passage und anderen Berichten hören wir heraus, dass bestimmte Gruppen von Menschen verstärkt in der Nähe Jesu anzutreffen waren.

Es sind nicht die Erfolgreichen, auch nicht die Starken oder die, die sich für stark halten. Ebenfalls sind es nicht die Weisen oder die Verständigen. Und es sind auch nicht die „Gesunden", von denen Jesus sagt: „Sie brauchen keinen Arzt" (Markus 2,17).

Jesu besondere Liebe galt denen, die sich abmühen und sich mit Lasten herumschlagen. Im griechischen Text steht an dieser Stelle zunächst ein Wort, das auch die Müdigkeit nach schwerer körperlicher Arbeit beschreibt – der Mensch ist körperlich fertig, platt. Der zweite Begriff spricht mehr von einer inneren Belastung und Erschöpfung, z. B. infolge einer großen Verantwortung.

Gemeint sind demnach Menschen, die entweder innerlich oder äußerlich müde und kaputt sind.

Es sind die Bedürftigen, die, die es richtig nötig haben. Sie hat Jesus besonders gerne in seiner Nähe. Er spricht die an, die am Ende sind, innerlich oder äußerlich, geistlich oder psychisch. Gemeint sind die, die irgendwo in der Zwickmühle sitzen und allein nicht rauskommen. Womöglich die, die durch Gesetzlichkeit und falsche Frömmigkeit ausgegrenzt und verachtet wurden.

Wenn Jesus heute in unserer Nachbarschaft nach solchen Leuten Ausschau halten würde – wen würde er da entdecken? Wer sind die Männer und Frauen, mit denen er sich abgeben würde?

Interessant ist, dass die „gesellschaftlichen Randfiguren" gerne mit Jesus zusammen waren. Wieso eigentlich?

Nun, er konnte ihnen etwas bieten, was es sonst nirgendwo gibt: Ruhe. Da kommt der Gehetzte, der Gejagte, der Umtriebige zur Ruhe, findet Frieden, macht seinen Frieden mit Gott und der Welt.

Manche Übersetzungen verwenden hier das Wort „erquicken". Da kommen mit dem Frieden gleich ganz neue Kräfte ins Leben.

Jesus bietet uns Menschen die Erfüllung jener Sehnsucht an, die uns alle im Innersten umtreibt. Bei Jesus werden meine wichtigsten Fragen beantwortet, wird mein Hunger gestillt, kommt der Sturm zur Ruhe.

Darum ging und geht es Jesus: Ruhe für die Fertigen.

Was bedeutet das wohl für mich, der ich Jesus nachfolge und der ich in seinem Namen den Menschen die Liebe Gottes schenken möchte?

Vielleicht sollte ich näher an den Rand rücken, näher an die Menschen, die in meinem Umfeld am Rand stehen. Ich bin gefragt. Weniger bei den Nöten in Afrika und den Katastrophen in Asien, sondern vielmehr in der Verzweiflung der allein erziehenden Mutter und beim Drama der kleinen Sophie in der Nachbarschaft. Das ist der Auftrag für dich und mich.

Ich wünsche mir so sehr, dass wir je länger, je mehr sichtbar, riechbar, schmeckbar und erlebbar werden für die müden und belasteten Menschen um uns herum.

„Predigt allezeit das Evangelium – wenn nötig mit Worten." (Franz von Assisi)

Natürlich steigt mit der Nähe unser Verletzungsrisiko. Menschen erleben uns hautnah und entdecken dann auch unsere Grenzen, unsere Schwächen, erleben unser Versagen. Doch keine Angst! Vielleicht wird gerade unsere ehrliche Schwachheit zum Türöffner für gute Beziehungen.

Meine Frau Regina hatte seit Monaten mit einigen Freundinnen sehr gute Gespräche. Nicht in erster Linie über Gott. Als eine davon mit einem ziemlichen Problem-Brocken zu ihr kam, wusste sie nicht weiter – und sagte ihr dies auch so; ich liebe meine Frau für ihre Ehrlichkeit. Regina fühlte sich überhaupt nicht wohl damit, keine Antwort gegeben zu haben, aber bevor sie mit der Freundin darüber sprechen konnte, rief diese sie an. Sie bedankte sich bei meiner Frau. Und sie sagte ihr, dass für sie die größte Hilfe Reginas Ehrlichkeit gewesen sei, mit der sie ihre eigene Hilflosigkeit zugegeben hatte.

c) Kennenlernen

Neue Bekanntschaften sind für unser eigenes Leben eine riesige Bereicherung. Natürlich können wir das nicht unbegrenzt ausleben, aber viele von uns haben hier wohl Nachholbedarf.

Der Appetit kommt mit dem Essen, sagt man. So ähnlich ist es auch mit der Liebe. Wir werden es erst dann lernen, einen Menschen richtig zu lieben, wenn wir ihn persönlich kennenlernen. Kennenlernen ist unverzichtbar, auch wenn wir bei jeder Beziehung Gefahr laufen, enttäuscht zu werden.

Es ist doch die Beziehung zu einem anderen, die mich dazu bringt ...

... mich überhaupt zu verändern.

... mich in einer Art und Weise zu entwickeln, die mir bislang nicht in den Sinn gekommen ist.

... mich ganz einer Sache oder einer Person hinzugeben.

Kennenlernen ist der erste Schritt! Und doch ist „kennen" nicht gleich „kennen". Stell dir vor: Ein Museum voller Bilder aus deinem Leben. Alle Geschichten und Episoden deines Lebens sind dort nachzulesen – man hat deine Familie befragt, Informationen aus erster Hand. Der Besucher kann sich einen sehr genauen Eindruck von dir verschaffen. Möglicherweise nimmt er hinterher als Experte an einer Quizsendung teil; sein Fachgebiet: du! Jemand könnte alles über dich *wissen*. Wenn er dir aber noch nie wirklich *begegnet* ist, kann er dennoch nicht behaupten: Ich kenne dich!

Kennenlernen ist mehr als Wissen übereinander. Allerdings kann ein erstes Wissen den Wunsch wecken, einem Menschen wirklich begegnen zu wollen. Wissen kann Liebe wecken.

Wie viel mehr geschieht, wenn wir uns die Zeit nehmen und einen Menschen tatsächlich kennenlernen? Dann können wir ihm die wichtigen Fragen des Lebens stellen:

- Was ist dir in deinem Leben wichtig?
- Was macht dich wirklich stolz und glücklich?
- Was hat dich das letzte Mal zum Weinen gebracht?
- Woher beziehst du deinen Mut?

Richtig, diese Fragen wird man erst stellen, wenn man schon auf eine kleine gemeinsame Geschichte zurückblicken kann.

Umgekehrt gilt das gleiche. Solange jemand nicht die Möglichkeit hatte, uns wirklich kennenzulernen, uns zu vertrauen, wird er doch nicht im Traum daran denken, unseren Worten folgenreiches Vertrauen zu schenken. Wir alle lieben nur das, was wir kennen! Also werden andere uns (eher) lieben und vertrauen, wenn wir ihnen bekannt sind.

Es gibt Menschen, die lieben sehr wenige andere Leute. Oft liegt es daran, dass sie kaum jemanden wirklich kennen. Eltern lieben wir fast automatisch, und zwar gerade deshalb, weil wir sie kennen und mit ihren Stärken und Schwächen vertraut sind. Manchmal hassen wir sie allerdings auch, weil wir ihre Schwächen kennen.

Ohne Kennenlernen entsteht keine Liebe. In der Psychologie gibt es sogar die These: „Was wir nicht kennen, nehmen wir auch nicht wahr." Etwas Neues muss sich erst in unser Bewusstsein drängeln, sonst lehnen wir es ab. Wir glauben nur, was in unser schon geprägtes Bild passt, was uns vertraut ist. Alles andere erzeugt zunächst Ablehnung oder Misstrauen: „Was nicht wahr sein darf, das kann auch nicht wahr sein!"

Deshalb tat Gott uns gegenüber den ersten Schritt. Er gab und gibt sich uns auf verschiedenste Art und Weise zu erkennen: durch die Natur, durch sein Wort, durch den aktiven Eingriff ins Leben, durch direkte Offenbarung.

Immer wieder stellt er sich vor und er ist dabei sehr kreativ, genauso wie ein verliebter Jugendlicher – was tut der nicht alles, damit die „Geliebte" einen selbst kennenlernt?

Gott wirbt um uns wie ein Lover um seine Braut! Er will, dass die Menschen ihn kennenlernen. Zum Beispiel auch durch Jesus:

> Wer mich gesehen hat, der hat auch den Vater gesehen (Johannes 14,9).

Bei den Jüngern scheint das funktioniert zu haben, denn sie „durchschauten" Jesus:

> „Herr, zu wem sollten wir denn gehen?", antwortete Simon Petrus. „Nur deine Worte schenken ewiges Leben. Wir glauben und haben erkannt, dass du von Gott kommst und zu Gott gehörst" (Johannes 6,68f).

Es sind nicht nur die Worte, es ist vielmehr der Eindruck, den Jesus bei seinen Jüngern hinterließ. Das Wissen über ihn und von ihm war nur ein kleiner Teil. Die Jünger hatten die Chance, Jesus kennenzulernen, in- und auswendig. Und das machte den Unterschied aus zu den Zeitgenossen, die Jesus ablehnten. Die Jünger liebten den, den sie erkannt hatten.

Genau das war die Absicht von Jesus: Er wollte unter uns leben, er wollte erfahrbar, erlebbar und erkennbar sein. Jesus setzte voll auf Beziehung, auf Begegnung.

Diesen Ansatz hat er auch an seine Jünger weitergegeben. Er schickte sie, er schickt uns zu den Menschen. Wir sollen Beziehungen aufbauen, miteinander reden, Gutes tun, lieben – und so Jesus selbst bekannt machen.

Klar, dass dieser Auftrag nur dann zu stemmen ist, wenn wir Jesus selbst wirklich kennen – seine Liebe zu uns, seine Vergebung, seine Gnade. Ich habe ja bereits an anderer Stelle davon gesprochen, dass wir erst empfangen haben müssen, bevor wir Gebende sein können.

Aus dieser Beziehung mit Gott heraus kann ich dann Jesu Mission fortsetzen. Und wie? Na, genau auf seine Weise: Er ging hin, ließ sich kennenlernen und lernte kennen. Er besuchte die Menschen dort, wo sie waren, liebte sie „vor Ort". Jesus liebte die Menschen, wie sie waren; *weil* er sie kannte und *obwohl* er sie kannte.

Also: Lerne die Menschen in deiner Umgebung so richtig kennen. Warum trinken die Nachbarn so viel Tee? Welchen religiösen Hintergrund hat die Muslimin, die immer mit dir im Bus sitzt? Wie viele Enkel hat der ältere Herr in der Wohnung unter dir? Wieso engagiert sich der junge Mann gegenüber für Homosexuelle? Finde es heraus! Habe echtes Interesse an diesen Leuten und entwickle eine heilige Neugier!

Baue neue Brücken und reiße gleichzeitig Mauern ein! Angenommen, du wurdest mit dem jungen Mann von gegenüber bekannt und lerntest seine Geschichte kennen, bevor du seine sexuelle Orientierung herausbekamst – welchen Einfluss hätte das auf dein Verhalten gehabt?

Die meisten Mauern sind in unseren Köpfen. Man hat uns irgendetwas verklickert. Informationen, die sehr nach Vorurteilen riechen. Wir glauben ihnen so lange, wie wir nicht das Gegenteil erleben; dumm ist nur, dass wir dem Gegenteil nie die Chance geben, weil uns Vorurteile den Weg dahin verbauen. Entweder ganz direkt, indem wir gar nicht erst in Kontakt kommen, oder indirekt, indem wir alles nach unserer Vorinformation sortieren und immer zu dem Ergebnis von vorher kommen. Der Mensch ist sehr gut darin, sich selbst zu betrügen.

Ich nehme an, du ahnst, was du nun tun könntest. Du weißt, welche Leute du in deinem Umfeld noch nicht genug kennst, welche Nachbarn eigentlich weit mehr Freunde brauchen. Und wenn nicht, dann finde es heraus!

Ein schönes Beispiel macht derzeit in Deutschland die Runde: Christen organisieren gemeinsame Bratwürstchenpartys (*On the move*). Nicht in erster Linie zur Evangelisation, sondern zuerst einmal zum Kennenlernen. Berührungsängste sollen abgebaut und Begegnungen provoziert werden. Es klappt.

Ich weiß aus eigener Erfahrung, dass es nicht ganz so einfach ist, aus einem engen christlichen Umfeld auszubrechen. Meine Kindheit war durch und durch fromm. Deshalb war ich immer der Überzeugung, dass ich mit Menschen am Rand der Gesellschaft niemals klarkommen würde. Also habe ich auch den Beruf des Sozialarbeiters niemals in Betracht gezogen. Irgendwie hat Gott es geschafft, mich doch zu einem solchen Studium zu bewegen. Es dauerte einige Semester und ein Praktikum, doch dann wurde aus meiner Unsicherheit und meiner Unerfahrenheit eine Passion. Nicht nur, dass ich selber Freude an diesen Begegnungen hatte und unendlich profitierte. Auch die Leute, mit denen und für die ich arbeitete, nahmen mich wie einen der ihren an. Die Schwelle war viel geringer, als ich jemals zu glauben gewagt hatte. In dem Café der Heilsarmee, in dem ich letztlich meine Berufung fand, waren wirklich die unglaublichsten und originellsten Existenzen zu Gast.

Da war zum Beispiel Mike, der sich später auf dramatische Weise das Leben nahm. Ich habe ihn als das Original in Erinnerung behalten, als das ich ihn kennenlernte. Eines Tages kam er in unser Café. Nachdem er sah, dass er nicht bemerkt worden war, ging er in die Knie und bellte den ersten Gast, der dort stand, an wie ein Spitz. Dieser sprang mir vor Schreck fast über den Tresen und alle Anwesenden lachten sich schlapp. Mike hatte dies auch mal bei einer Politesse gemacht, die gerade dabei war, einige Parksünder aufzuschreiben. Sie war vor Schreck auf die Kühlerhaube des vor ihr stehenden Autos gesprungen, Mike aber war lachend davon gezogen.

Oder Stefan, ein junger Mann, Ende zwanzig. Seine „Karriere" hatte ihn durch die verschiedensten Familien geführt, als Pflegekind – das meist problematische Pflegekind. Viel Spaß brachte sein Leben nicht mit sich. Einmal war er „Sohn" auf einem Bauernhof. Dort sollte er immer wieder auch mithelfen. Sein Pflegevater wurde hin und wieder jähzornig und eines Tages, als Stefan im Stall einen Fehler gemacht hatte, trat ihm der Bauer mit voller Wucht in den Hintern. Stefan musste ins Krankenhaus eingeliefert werden und hatte zu dem Zeitpunkt, als ich ihn kennenlernte, bereits 27 Operationen über sich ergehen lassen müssen. Die erste OP bestand darin, den Stiefel des Bauern aus Stefan herauszuholen. Man kann sich vorstellen, dass er aus seiner Kindheit nicht nur äußere Verletzungen davongetragen hat. Ich versichere dir, dass die inneren, seelischen Verletzungen weit gravierender waren.

Sind wir bereit, solche Menschen kennenzulernen, sie zu lieben und für sie ein echter Nächster zu werden? Das wird möglicherweise nicht einfach, aber diese Menschen brauchen nicht nur die Worte Jesu, sondern vielmehr seine Wirklichkeit, seine Nähe, seine Freundschaft, seine Liebe.

d) Ein Freund, ein guter Freund

Die Robert-Bosch-Stiftung hat es sich vor vielen Jahren zur Aufgabe gemacht, möglichst vielen jungen Menschen in Deutschland und Frankreich einen Aufenthalt im Nachbarland zu ermöglichen. Inzwischen hat sich das Engagement ausgeweitet und die Jugendlichen fast aller europäischen Länder können für einen Aufenthalt in einem anderen Land Unterstützung erhalten.

Warum dieser Aufwand? Die jungen Leute sollen sich gegenseitig kennenlernen und womöglich Freundschaften knüpfen. Unter anderem verbindet sich damit die Hoffnung, dass mögliche Auseinandersetzungen zwischen ihren Ländern in der Zukunft nicht mehr gewaltsam gelöst werden.

Allerdings ist das mit unseren Freundschaften manchmal eine seltsame Angelegenheit. Ob das Miteinander von Christen oder unsere Beziehungen zu den Menschen in unserem Umfeld immer den Namen Freundschaft verdienen?

Dabei sind Freundschaften etwas Geniales. Selbst für Jesus war Freundschaft ein wichtiges Thema. Am Abend vor seiner Kreuzigung sprach er mit seinen Jüngern über Freundschaft:

Und so lautet mein Gebot: Liebt einander, wie ich euch geliebt habe. Niemand liebt mehr als einer, der sein Leben für die Freunde hingibt. Und ihr seid meine Freunde, wenn ihr tut, was ich euch aufgetragen habe. Ich nenne euch nicht mehr Knechte; denn einem Knecht sagt der Herr nicht, was er vorhat. Ihr aber seid meine Freunde; denn ich habe euch alles anvertraut, was ich vom Vater gehört habe. Nicht ihr habt mich erwählt, sondern ich euch, damit ihr euch auf den Weg macht und Frucht bringt, die bleibt. Dann wird euch der Vater alles geben, worum ihr ihn in meinem Namen bittet. Ich sage euch noch einmal: Liebt einander! (Johannes 15,12–17).

Inmitten der Passage, die man auch als Jesu Vermächtnis bezeichnen kann, eingerahmt von dem wiederholten Liebesgebot, spricht Jesus ein Geheimnis aus: „Ihr seid meine Freunde". Jesu Jünger sind seine Freunde. Nicht, weil wir etwas dazu beigetragen hätten, sondern weil er uns erwählt hat.

Nachfolge und Freundschaft gehören eng zusammen. Ich empfinde dies als einen Auftrag – und ich fordere deshalb zu mehr Freundschaften auf. Freundschaften zu ein paar wenigen Menschen in unserem Umfeld, sowohl Christen aus unserer Gemeinde als auch aus anderen Kirchen. Doch nicht ausschließlich zu Christen. Es geht ja dabei nicht um Freundschaft zur Welt, sondern um Freundschaft zu Menschen, die mit uns durch diese Welt gehen. Solche Freundschaft bereichert unsere Welt und uns Menschen.

Wenn wir unsere Freundschaft mit Jesus leben, dann können wir auch in unseren Freundschaften mit anderen Menschen etwas von Jesus rüberbringen. Das sind nicht unbedingt nur Worte, die wir sagen. Es ist auch die Art, wie sie uns selbst und unsere Beziehung zu Gott erleben. Wer Jesus zum Freund hat, denkt und redet anders über ihn, als es ein Sklave tun würde.

Freundschaft zu Jesus steckt an. Die Menschen spüren uns die gute Beziehung ab.

In der Heilsarmee werden wir nach außen sehr oft als die „kämpfenden" Soldaten wahrgenommen. Intern aber nennen wir uns Kameraden. Zusammengeschweißt durch ein gemeinsames Ziel, den gemeinsamen Auftrag. Dabei bringt natürlich jeder seine Eigenart mit ein. In einer Fußballmannschaft gibt es ja auch die unterschiedlichsten Typen und Aufgaben. Ein schlagkräftiges Team braucht Stürmer und Verteidiger, Torwart und Torschützen – von allem etwas. Und dazu braucht es einen engen Zusammenhalt, den der legendäre Bundestrainer Sepp Herberger so ausdrückte: „Elf Freunde müsst ihr sein!"

Freundschaft zieht an! Sie reißt aus der Einsamkeit. Sie ist es, was Menschen und Gruppen auf der ganzen Welt verbindet. Als Christen können wir uns hier inspirieren lassen.

In der Bibel finden wir ein klassisches Beispiel für gelebte Freundschaft: David und Jonathan. Beide lebten am Königshof in Israel und hätten eigentlich Konkurrenten um den Thron sein müssen. Doch beide entschieden sich, Freunde zu sein. Diese Freundschaft wirkte wie eine Teflonschicht zwischen David und König Saul, der den designierten Thronfolger am liebsten umgebracht hätte. So aber konnte der Hass nicht „kleben bleiben".

Solche Freundschaften brauchen wir – und ganz bestimmt noch mehr die Menschen, die Gott nicht kennen. Wir werden mit unseren Predigten lange nicht so viel erreichen wie mit Freundschaften.

e) Sag es mit Liebe

Das Thema „Liebe" ist mit einer ganzen Fülle von Klischees überfrachtet. Wir haben so manche Vorstellung von Liebe in unserem Kopf, die mit dem wirklichen Leben kaum etwas zu tun hat.

Also geben wir uns große Mühe, genauso zu lieben, wie wir es bei den anderen sehen. Doch oftmals stellt sich dabei nur großer Frust ein. Außerdem sind wir ja nicht sonderlich geübt in Sachen Liebe – sonst brauchte es dieses Buch nicht.

Ich fordere dich heraus, zu lieben. Aber bitte auf deine Weise. Sprich deine Sprache der Liebe!

An dieser Stelle haben mich die Bücher von Dr. Gary Chapman – Pastor, Autor und Referent – sehr inspiriert. In seinem bekanntesten Buch *Die fünf Sprachen der Liebe* (Verlag der Francke-Buchhandlung, Marburg 2003) zeigt Chapman, dass jeder Mensch Liebe in unterschiedlicher Weise ausdrückt oder versteht. Daher kann man sich sehr wohl lieben und trotzdem „aneinander vorbei lieben", weil der Geliebte möglicherweise eine ganz andere „Liebessprache" spricht oder versteht.

Mir geht es hier um zwei Dinge: Einerseits müssen wir es lernen, unsere eigene Liebessprache zu entdecken und einzusetzen, denn darin sind wir ja besonders gut. Andererseits müssen wir lernen, die Liebessprache zu erkennen und zu sprechen, die der Mensch versteht, dem wir unsere Liebe zeigen wollen. Nur dann kommt unsere Liebe auch wirklich als Liebe an.

Schauen wir uns die fünf Sprachen der Liebe kurz an:

Liebessprache 1: Worte der Anerkennung

Viele Menschen verstehen tatsächlich nur dann, dass sie geliebt werden, wenn man es ihnen direkt sagt. Wir dürfen einfach nicht davon ausgehen, dass die Menschen uns alles abspüren. Der kurze Satz: „Ich mag dich!" kann wahre Wunder bewirken. In vielen Ehen muss besonders den Männern gesagt werden, dass sie die Liebe zu ihrer Ehefrau durchaus mal in Worten mitteilen könnten. Doch Worte der Anerkennung tun jedem gut. Wir alle hören es gerne, wenn uns zum Beispiel etwas gelungen ist.

Sagt den Menschen mehr schöne Sachen! Eine frohe Botschaft könnte doch damit beginnen, dass wir etwas zu den „guten Seiten" unseres Gegenübers anmerken. In manchen Kulturen ist dies die Grundlage und der Auftakt für ein Gespräch; in Deutschland kommt das oft komisch rüber. Liegt das nur daran, dass wir es nicht gewohnt sind zu loben?

Es gibt soviel Gutes und Schönes – wir müssen es nur suchen, entdecken und aussprechen. Auf diese Weise können wir Menschen ermutigen, anspornen – und lieben.

Übrigens: Worte lassen sich leicht auch auf Papier bannen. Viele von uns sind nicht gut in der freien Rede. Oder die Emotion der Situation lässt einem die Worte im Hals stecken bleiben. Da ist der kürzeste Weg ein Stück Papier. Dann können wir unsere Worte mit Bedacht wählen. Der Empfänger einer solchen Nachricht profitiert mehrfach. Er kann diesen Dank oder die Ermutigung immer wieder lesen und genießen.

Liebessprache 2: Berührung

Seit über zehn Jahren lebe ich mit meiner Familie in Sachsen und arbeite zumeist unter Jugendlichen. Dort ist es üblich, dass man sich bei der Begrüßung die Hand gibt oder die Köpfe zusammensteckt. Ich hatte davon zu Beginn keine Ahnung, erlebte nach wenigen Tagen aber eine beeindruckende Szene. Einige meiner Freunde besuchten unser Café und hatten die Gäste nur mit einem Wink und einem knappen „Hallo" begrüßt. Kurz darauf kam ich zu unseren Cafébesuchern. Die hatten sich ihre Meinung über meine Freunde schon gebildet. „Was sind das denn für Typen? Die sind sich sogar zu fein, einem die Hand zu geben." Gut, dass mir das nicht passiert war.

Berührung kann ein starker Ausdruck von Liebe und Zuwendung sein. Das gilt für die Hand auf der Schulter, den Händedruck, der mit der zweiten Hand vielleicht noch bekräftigt wird – das alles sagt oft mehr als tausend Worte. Manche Menschen glauben unseren Worten erst, wenn wir sie durch eine entsprechende Berührung bestätigen.

Bei Kindern wissen wir, wie wichtig es ist, dass sie Streicheleinheiten bekommen. Auch wenn wir das nicht direkt auf einen Erwachsenen übertragen, haben wir alle doch ein mehr oder weniger starkes Bedürfnis nach Kontakt. Wir brauchen Nähe, jemand, der uns in den Arm nimmt, wenn uns mal ganz eng ums Herz ist. Da richten Worte allein gar nichts aus, doch der warme Händedruck oder die kurze Umarmung machen einen Unterschied.

Ein Händedruck ist ein mächtiges Zeichen. Wenn ein Mensch aus unserer Gesellschaft ausgeschlossen wird, dann verweigert man ihm als erstes die Berührung, den Handschlag. Mancher Bettler in der Fußgängerzone würde sich über ein kurzes Gespräch neben dem Hut und einen abschließenden Händedruck weit mehr freuen als über fünf Euro, die jemand lässig im Vorbeigehen in die Mütze schmeißt.

Körperkontakt macht den Unterschied: Die Hand auf der Schulter des Freundes bei der nächsten Begrüßung, nebeneinander stehen beim gemeinsamen Abwasch, dem Geschäftspartner in den Mantel helfen: Es gibt viele – unverfängliche – Möglichkeiten, um Menschen spüren zu lassen, dass sie uns wichtig sind, dass sie geliebt sind.

Liebessprache 3: Zeit

Wieder andere Menschen lesen die Zuneigung eines Gegenübers vor allem daran ab, dass er sich Zeit für sie nimmt. Wie schnell merke ich, dass jemand wohl kein Interesse an mir hat, wenn er im Gespräch ständig auf die Uhr schaut! So ist meine Uhr also nicht nur ein Zeitmessgerät, sondern auch ein Liebe-Messgerät.

> „Einen Menschen lieben, das heißt: Zeit haben, sich Zeit nehmen, dasein für den anderen." (Hans Bürki)

Verliebte können das sehr gut nachempfinden.

Wenn wir also mehr Zeit mit unseren Freunden verbringen und mit denen, die es werden könnten oder sollten, dann ist dies eine weitere Möglichkeit, um einem Menschen Liebe zu signalisieren. Natürlich ist es dann auch noch entscheidend, *wie* die gemeinsame Zeit gefüllt wird. Ungeteilte Aufmerksamkeit ist das, was zählt. Wirkliche Zuwendung ist nicht lediglich die pure Anwesenheit im gleichen Raum zur gleichen Zeit. Der andere soll merken: Jetzt bin ich ganz für dich da!

Wie viel Zeit hast du mit den Menschen aus anderen Gemeinden in deiner Stadt im letzten Jahr verbracht, über die du vielleicht kaum etwas weißt, aber schon oft geredet hast? Wie viel Zeit hat dein – schräger? – Nachbar abbekommen? Wie viel bleibt für das Ehepaar, das ein AIDS-krankes Kind angenommen hat?

Zeit gebiert gute Gespräche und die wiederum führen zum Kennenlernen. So wird Liebe gelebt. Die einzige

Zeit, in der wir lieben können, ist nicht gestern und nicht morgen, auch nicht nächste Weihnachten, sondern heute!

Liebessprache 4: Geschenke

Liebe kann man handfest zeigen – mit einem Geschenk. Natürlich muss es ein richtiges Geschenk sein. Kein Pflichtgeschenk, kein Hoffentlich-bekomme-ich-auch-was-Geschenk, kein Der-hat-mir-auch-was-geschenkt-Geschenk und auch kein Was-werden-die-von-mir-denken-Geschenk. Richtige Geschenke müssen dabei gar nicht teuer und aufwändig sein.

Das richtige Geschenk kommt von Herzen. Das spürt man ihm ab. Und deshalb ist ein Geschenk für manche Leute die richtige Möglichkeit, Liebe auszudrücken oder um Liebe zu erkennen.

Man erzählt sich die Geschichte eines „Berbers" (jemand, der Platte macht, unter Brücken oder in alten Häusern übernachtet). Egon hatte wie seine Kollegen immer wieder an einer bestimmten Straßenecke gehockt. Jeder wusste, wo. Aber eines Tages war er weggeblieben. Nachdem er zwei weitere Tage nicht an seinem Stammplatz auftauchte, machten sich seine Kollegen Sorgen. Man wunderte sich, kam aber zu keinem Ergebnis. Erst nach einer Woche saß er wieder bettelnd an seinem Stammplatz. Abends unterhielten sich die Kollegen. Auf die Frage, warum er denn so lange weggeblieben sei, berichtete einer: „Letzte Woche hat ein Passant eine langstielige rote Rose auf seinen Hut gelegt. Das hat Egon so tief berührt, dass er weg blieb." Sofort fragte einer: „Ja, aber wovon hat Egon denn in diesen Tagen gelebt?" Die Anwesenden warteten einen Moment und dann kam die Antwort: „Er lebte von der Rose!"

Gott versteht es, Geschenke zu machen. Er weiß, wie man seine Liebe mit einem Geschenk ausdrückt, das von Herzen kommt:

> Gottes Liebe zu uns ist für alle sichtbar geworden, als er seinen einzigen Sohn in die Welt sandte, damit wir durch ihn leben können. Das Einzigartige an dieser Liebe ist: Nicht wir haben Gott geliebt, sondern er hat uns seine Liebe geschenkt (1. Johannes 4,9f).

Gott schenkt, ohne danach zu schielen, was er bekommen könnte. Diese selbstlose, selbstvergessene Liebe ist typisch für Gott. Wenn wir ebenso schenken, zeigen wir unseren Freunden und Mitbürgern Gottes Liebe.

> Ein Gemeindeleiter erzählte mir von einem Projekt seiner Gemeinde in der Adventszeit. Man hatte sich nach einigen Diskussionen und Vorbehalten geeinigt, in den angrenzenden Straßen Hausbesuche zu machen. Jeder Haushalt im Umkreis von ein- bis zweihundert Metern sollte von einem Gemeindeglied besucht werden und bei der Gelegenheit wollte man ein kleines Geschenk überreichen. Einfach so, völlig uneigennützig. Die Auswertung war verblüffend. Es hatten sich zum einen viele Gespräche ergeben. Aber viele Menschen waren einfach nur berührt davon, beschenkt zu werden. Nur ein Mann lehnte das Geschenk ab, weil er trotz aller Beteuerungen davon überzeugt war, dass man in dieser Welt nichts geschenkt bekommt ...

Liebessprache 5: Hilfreicher Dienst

Diese Sprache ist in christlichen Gemeinden vielleicht am meisten verbreitet. Auf sehr einfache und meist auch unspektakuläre Weise können wir so unsere Liebe und Zuneigung ausdrücken: durch kleine oder auch größere Liebesdienste.

Im Hauskreis erzählte ein junger Mann: „Ich habe mit dem Verschenken so meine Schwierigkeiten, da leg ich lieber selber Hand mit an."

Klarer Fall! Seine Liebessprache ist genau das. Und ich glaube, Gott kann ihn da wunderbar gebrauchen. Jetzt weiß ich übrigens auch, wie ich diesem Mann einmal deutlich machen kann, dass ich ihn wertschätze – eben nicht mit einem kleinen Geschenk, sondern mit einem Hilfsdienst. Vielleicht erledige ich mal einen Einkauf für ihn oder packe mit an, wenn er in seiner Wohnung etwas räumen oder renovieren muss.

Fünf Sprachen, tausend Ideen

Liebe findet immer einen Weg, sich auszudrücken. Wenn wir loslegen und versuchen, die passende Sprache für die Menschen in unserer Umgebung zu finden, werden auch wir Feuer fangen. Ja, es ist wirklich möglich, jedem Menschen zu zeigen, dass er – von Gott – geliebt wird. Jedem von uns auf seine Weise.

f) Solidarität

Für Jesus gab es keine Barrieren oder Schranken. Bei ihm gab und gibt es Platz für alle. Das sagte er nicht nur, das lebte er auch.

Zwar sagte er einmal selbst, dass er für die Kranken des Hauses Israel gekommen sei, doch das hielt ihn nicht davon ab, sich mit Menschen aller Schichten und Nationalitäten zu beschäftigen. Er kapselte sich nicht von den Nöten seiner Umwelt ab. Ob das die Samariter waren, deren Gebiet er durchquerte, anstatt es – wie bei den frommen Juden üblich – zu umgehen. Er half den Menschen unabhängig von ihrer Herkunft, auch wenn das in den Augen vieler Juden ein Skandal war. Er kümmerte sich um Leute aus Galiläa, aus Jerusalem und Judäa, aber auch um die aus dem Gebiet der Zehn Städte und jenseits des Jordans. Der gelähmte Diener des römischen Hauptmanns und die Tochter der Syrophönizierin fanden in ihm genauso einen Helfer wie die Aussätzigen aus Samaria oder der geistig Behinderte aus Galiläa.

Heiner Geißler schreibt in seinem Buch *Was würde Jesus heute sagen?*:

> Die Kranken und Krüppel von damals sind auch die Kranken und Krüppel von heute. Hinzugekommen sind Arbeitslose, Langzeitarbeitslose, die plötzlich ihre Schulden nicht mehr bezahlen können, Scheidungswaisen, allein erziehende Mütter, Familien mit vielen Kindern, Wohnungssuchende, kinderreiche Familien mit nur einem Erwerbseinkommen oder Rentnerinnen, die aus Scham nicht zum Sozialamt gehen, mehrfach Behinderte, die gegen ihren Willen in stationäre Einrichtungen gebracht werden. (...) Die Botschaft Jesu ist vor allem eine Verheißung des Lebens für die Armen, Kleinen, Sanftmütigen und Gewaltlosen. Wenn er fordert, heilig zu sein, so, wie Gott heilig ist, dann fordert er gleichzeitig, barmherzig zu sein, so, wie Gott barmherzig ist (Lukas 6,36). (*Was würde Jesus heute sagen?* Rowohlt, Reinbek 2004, S. 76.)

Jesus stellte sich auf die Seite dieser Menschen und Gruppen, indem er sich weit mehr mit ihnen beschäftigte, als es üblich war und statthaft – wie viele dachten. Er verbrachte Zeit mit ihnen, sorgte sich um sie und wertete sie auf. Ganz besonders ist das in seinem Verhältnis zu Frauen und Kindern zu bemerken.

Menschen dieser ausgegrenzten und benachteiligten Gruppen brauchen heute unsere Achtung und Zeit, und nicht nur unsere Gebete und Spenden.

Ja, es braucht auch die Solidarität mit den wahrscheinlich 250 Millionen Kindern zwischen fünf und 14 Jahren, die heute unter Bedingungen von Leibeigenschaft, Prostitution, Schuldknechtschaft oder Zwangs- und Sklavenarbeit ihren Lebensunterhalt verdienen müssen (Schätzungen der Internationalen Arbeitsorganisation, ILO, einer Sonderorganisation der Vereinten Nationen). 100 Millionen Kinder besuchen keine Schule – aufgrund von Armut, Diskriminierung und dem generellen Mangel an Schulausstattung. Rund 500 Millionen Kinder leben von weniger als einem Dollar am Tag.

Doch manchmal kommt es mir so vor, als würde uns die Größe der Not lähmen und resignieren lassen. Dabei sind es nicht in erster Linie die Nöte dieser Welt, die unser Engagement brauchen, sondern die Nöte unserer Nachbarn und „Nächsten".

Ich höre Christen, die sich über die Gettoisierung bestimmter Gesellschaftsgruppen beklagen. Doch wohin sollen diese Leute denn schon gehen? Nicht selten waren sie gezwungen, sich unter sich zu treffen, weil sie ausgegrenzt wurden. Wir Christen haben dabei oftmals das gleiche gemacht. Nicht umsonst sind wir so weit weg von vielen anderen Menschen und Gruppen in unserer Gesellschaft.

Wie hat Jesus diese Abgrenzung aufgelöst? Dadurch, dass er *kam*. Er hat sich unter uns gemischt, als wir noch Fremde und Fremdlinge waren. Sein Einsatz hat sich gelohnt, denn am Ende konnte Paulus folgendes Fazit ziehen:

> So seid ihr nun nicht länger Fremde und Heimatlose; ihr gehört jetzt als Bürger zum Volk Gottes, ja sogar zu seiner Familie (Epheser 2,19).

Was liegt also näher, als dass die Nachfolger Jesu es ihrem Herrn nachmachen? Ich meine, wir sind beauftragt, Fremde zu Freunden zu machen.

Zum Beispiel durch eine neue Tischkultur. Jesus suchte oft die Tischgemeinschaft mit denen, die von anderen ausgegrenzt wurden. Wieso laden wir nicht einmal Menschen zu uns ein – zum Abendbrot oder einer Geburtstagsfeier –, die wir noch gar nicht kennen? Oder einige, die uns zwar bekannt sind, aber deren Leben wir überhaupt nicht kennen. Ich empfehle immer, für jedes Treffen mit einem Freund aus unserer Gemeinde gleich auch ein Treffen mit einem kaum bekannten Menschen zu planen.

Auf diese Weise werden wir sehr bald wissen, wo unsere Solidarität gefragt ist; davon bin ich überzeugt. Wir werden merken, wo unsere Fürsprache für einen Menschen nötig ist oder unser Zuspruch. Wir werden mitbekommen, um welche Sorgen und Nöte wir uns kümmern können und sollten.

Jesus hat es uns in bester Weise vorgemacht. Er setzte sich zu den Menschen, wurde einer von ihnen und gewann ihr Vertrauen. Sie wurden Teil seiner Geschichte, wie er ein Teil der ihren wurde. Genau darum geht es: Teil der Geschichte der anderen werden – besonders derer, die unterdrückt oder ausgegrenzt werden. So kam es im Laufe seines Lebens zu den markantesten Solidaritätskundgebungen: eine Party bei den Zöllnern, die verhinderte Steinigung einer auf frischer Tat ertappten Ehebrecherin, ein Gespräch mit einer stadtbekannten Samariterin am Brunnen, eine Salbung durch eine begnadigte Sünderin und manches mehr.

Jesus verstand seinen Sendungsauftrag in folgender Weise:

Der Geist des Herrn ruht auf mir, weil er mich berufen hat. Er hat mich gesandt, den Armen die frohe Botschaft zu bringen. Ich rufe Freiheit aus für die Gefangenen, den Blinden sage ich, dass sie sehen werden, und den Unterdrückten, dass sie bald von jeder Gewalt befreit sein sollen (Lukas 4,18).

Einigen seiner Zuhörer gefiel der Anspruch nicht, mit dem Jesus hier auftrat. Deshalb wollten sie ihn sofort ausschalten. Doch das ändert nichts daran, dass Gott schon immer Augen hatte für die „Randfiguren".

Wir sind gesandt wie Jesus – zu den Einsamen, den Blinden und Gefangenen, den Verlassenen und Gelähmten. Sucht sie und setzt euch neben sie, esst und trinkt mit ihnen, lacht und weint und feiert mit ihnen. Und vielleicht werdet ihr auch irgendwann mal mit ihnen beten.

Mir ist bewusst, dass wir Frommen dazu eine ordentliche Portion Mut brauchen. In unserem Hinterkopf schwirren Warnungen herum, Vorurteile und Bibeltexte wie Psalm 1 (Glücklich ist, wer sich fernhält von denen, die über alles Heilige herziehen ...). Wir fühlen uns unsicher oder haben Angst davor, bloßgestellt zu werden.

Da tröstet mich ungemein, dass es Jesus selbst, der Herr, dem wir nachfolgen, vorgemacht hat. Er war Jude und kannte die Heilige Schrift besser als ich. Trotzdem hat er gewagt, Grenzen zu überschreiten, Konventionen zu übergehen, Traditionen zu brechen, den guten Ruf zu verlieren. Aus Liebe und mit einem weltverändernden Resultat. Ich will ihm vertrauen, wenn er mich in seinem Namen losschickt.

g) Liebe zum Anfassen

Liebe wird begreifbar, wo sie greifbar wird. Liebe berührt, wo sie anfasst. Von dieser ganz speziellen „Liebessprache" war bereits die Rede. Ich möchte dieses Thema aber gerne noch etwas entfalten, denn aus meiner Arbeit weiß ich, wie wertvoll allein eine kleine äußerliche Berührung sein kann.

Da sitzt der Bettler in der Innenstadt hinter seinem Hut. Klar, er braucht Geld zum Leben. Aber du kannst dir vielleicht vorstellen, wie sehr ihm dieser Bogen weh tut, den die Leute automatisch um ihn machen? Und wenn dann einer hindurchbricht und mit ihm redet, ihm die Hand schüttelt, ihn grüßt und ihn persönlich meint, dann ist das tausendmal mehr wert als der Euro im Hut.

Jesus hatte es darauf abgesehen, Menschen zu berühren. Sowohl direkt als auch im übertragenen Sinne. Zum Beispiel jenen Aussätzigen:

> Einmal kam ein Aussätziger zu Jesus. Er fiel vor ihm nieder und bat: „Wenn du willst, kannst du mich heilen." Jesus hatte Mitleid mit dem Mann. Deshalb streckte er die Hand aus, berührte ihn und sagte: „Ich will es tun! Sei gesund!" Im selben Augenblick war der Aussatz verschwunden und der Mann geheilt (Markus 1,40–42).

Wann haben wir zum letzten Mal einem Aussätzigen die Hand geschüttelt? Ach richtig, in Mitteleuropa ist das nicht möglich. Aber anders gefragt: Wann haben wir das letzte Mal jemandem die Hand geschüttelt, der von unseren Mitmenschen wie ein Aussätziger behandelt wird? Sind wir in diesem Punkt Nachfolger dieses Jesus?

Schauen wir uns doch noch einmal die Geschichte näher an. Jesus lässt einen Mann unmittelbar an sich heran, der eigentlich nicht das moralische und hygienische Recht hatte, sich den gesunden Menschen zu nähern. Im Alten Testament war sehr deutlich geregelt, wie Aussätzige sich zu verhalten hatten und wie man mit ihnen umzugehen hatte. Da gab es eine klar abgesteckte

Distanz, die es einzuhalten galt. Die Aussätzigen mussten laut und deutlich zu verstehen geben, dass sie unrein sind. Indem Jesus diesen Mann zu sich durchließ, machte er sich zumindest nach dem Moralkodex der Schriftgelehrten unrein.

Aussatz war die dreckigste aller Krankheiten. Durch sie wurde man Ausgestoßener und musste außerhalb der Gesellschaft leben, in diesem Fall sogar ungeschützt außerhalb der Stadtmauern. Es war die Krankheit, die letztlich geistlich die Sünde symbolisierte. Aber Jesus lässt ihn durch – und das geschieht nicht nur rein äußerlich, sondern auch „innerlich".

Es heißt: Jesus hatte Mitleid. Er war innerlich bewegt. Das Wort, das Markus hier verwendet, könnte auch übersetzt werden: „Es fuhr ihm in den Darm." Jesus war unweigerlich bewegt, betroffen; ihm ging das Elend nahe. Wir kennen in unserer Sprache den ähnlichen Ausdruck „der hat sich fast in die Hose gemacht" – vor Schreck oder vor Angst. Jesus hat die Not des Aussätzigen an sich herangelassen.

Und dann tut er das Schockierende – für seine Zeit und seine Mitmenschen: Er fasst den Aussätzigen an!

Er überbrückt die Distanz, diese soziale und moralische Kluft. Damit übertritt er nicht nur ungeschriebene moralische Gesetze. Jetzt macht er sich selber unrein. Er wird die nächsten Tage nicht in den Tempel, seinen Lieblingsort, gehen dürfen. Mit dieser Tat stellt er sich mit allen Konsequenzen auf die Seite des Mannes. Das hat automatisch zur Folge, dass er selber Ausgestoßener, Unreiner wird. Das Alte Testament nennt ihn jetzt für eine Woche „unrein!". Er ist zum Fluch geworden.

Jetzt aber passiert das Unlogische, das Unfassbare: Jesus sagt zu dem Aussätzigen: „Sei rein!". Und der wird tatsächlich und umgehend rein und gesund. Der Reine hat den Unreinen angesteckt.

Unreinheit ist immer etwas Ansteckendes. Auch heute ist uns die Ablehnung fast sicher, wenn wir uns mit den Ausgestoßenen beschäftigen. Unter der Überschrift: „Wer wünscht sich schon ein HIV-infiziertes Kind?" berichtete eine Pflegemutter in unserer Lokalzeitung vor einiger Zeit von ihren Erfahrungen: „Manche melden sich nicht mehr, seit sie von dem AIDS-Kind wissen."

Wer sich mit den „Aussätzigen" beschäftigt, wird auch gemieden, verbaut sich womöglich seine Chancen, wird sich wahrscheinlich die Finger damit schmutzig machen. Aber: Ist das ein Hinderungsgrund, Jesus zu folgen? Ihm war es offensichtlich wichtiger als alles andere, sich in diesem Fall zu verunreinigen. Die Hoffnungslosigkeit, die Not und die inneren Verletzungen des Leidenden waren ihm wichtiger als die eigene Akzeptanz und Reinheit.

Betrachtet man diese Begebenheit prophetisch, so hat Jesus hier schon angedeutet, was durch seinen Tod am Kreuz geschehen sollte. Er würde seine Freiheit für unsere Gefangenschaft geben, seine Reinheit für unsere Schuld, seine Tadellosigkeit für unseren Fluch. Er wurde, was wir waren, damit wir würden, was er war.

Jesus will, dass Menschen berührt werden. Das hat sich bis heute nicht geändert. Deshalb müssen wir uns von ihm berühren lassen, damit sein Heil in unser Leben kommt. Und dann sind wir gefordert, die Menschen zu berühren, damit Gottes Heil auch bei ihnen ankommt.

Ohne Nähe und direkten Kontakt wird es dabei nicht gehen. Wir sind Gottes Hände und Füße. Die gilt es dahin zu bringen, wo er sie gerne haben möchte: zu den Kranken und Hilflosen und Ausgestoßenen.

Für uns verbindet sich damit eine großartige Aussicht: Wir können dazu beitragen, dass Menschen heil werden, dass sie mit dem Heil Jesu „angesteckt" werden.

Das kleine Mädchen hatte von seiner Mutter erklärt bekommen, dass es nicht so nah an den kranken Bruder kommen solle. Und schon gar nicht aus seinem benutzten Glas trinken, weil es sich sonst anstecken könne. Tags darauf kommt die Kleine zur Mutter und schlägt vor: „Mama, lass es uns umgekehrt machen; wir lassen ihn aus meinem benutzten Glas trinken, dann steckt er sich mit Gesundheit an!"

h) Schritte zu „aktiver" Versöhnung!

Beziehungen zu Menschen sind etwas Lebendiges, etwas Dynamisches. Sie können sich verändern und entwickeln. Zum Negativen, wenn wir nichts dafür tun und nicht investieren. Sie können aber auch positiver werden, wenn wir sie aktiv gestalten und uns darum bemühen.

Damit verbindet sich für mich eine große Hoffnung. Unser Einsatz für bessere, liebevolle Beziehungen lohnt sich. Wir können etwas bewegen, wenn wir uns bewegen.

Es ist ganz sinnvoll, wenn man sich darüber klar ist, wohin die Reise geht. Dazu muss man erst einmal wissen, wo man steht.

Ich habe vor einiger Zeit von einer kleiner „Reiseroute der Beziehung" gehört. Sie führt von der Distanz (Wert: -1) über die Toleranz (Wert: +/- 0) zur Liebe (Wert: +3). Jeder Stufe sind bestimmte Eigenschaften oder Verhaltensweisen zugeordnet. So kann jeder seine individuellen Beziehungen prüfen und einschätzen.

Das Ziel wäre, dass jeder von uns sich ein nächstes, positives Etappenziel für seine Beziehungen steckt.

Level		Kennzeichen
Liebe	3	Beziehungen vertiefen andere fördern andere unterstützen an einem Strang ziehen gemeinsamer Dienst Einheit
Wertschätzung	2	Lob Verständnis Achtung
Annahme	1	ehrliches Willkommen Aufmerksamkeit gemeinsames Erleben Sozialisieren
Toleranz (= Gleichgültigkeit)	0	Lächeln nett grüßen Freundlichkeit
Distanz (= Befürchtungen)	-1	Unbehagen Missachtung Schubladen und Vorurteile negatives Denken Diskriminierung Risiko-Abwägung Angst

i) Unsere Zunge im Griff

Wenn wir Menschen kennenlernen wollen, dann geht das besonders gut über das Gespräch. Wir sitzen zusammen, stellen Fragen, hören auf die Antworten, erzählen, was uns beschäftigt. Miteinander reden können, ist eine riesige Chance – und eine gewaltige Herausforderung. Wie leicht wird aus dem Reden Geschwätz? Wie schnell passiert es, dass ein Wort das andere gibt? Jakobus schreibt in seinem Brief über die beiden Seiten des Redens:

> Denn wer seine Zunge im Zaum hält, der kann auch seinen ganzen Körper beherrschen. (...) Und selbst die großen Schiffe, die nur von starken Winden vorangetrieben werden können, lenkt der Steuermann mit einem kleinen Ruder, wohin er will. Genauso ist es mit unserer Zunge. So klein sie auch ist, so groß ist ihre Wirkung! Ein kleiner Funke setzt einen ganzen Wald in Brand. Mit einem solchen Feuer lässt sich auch die Zunge vergleichen (Jakobus 3,2–6).

Positives Reden kann wie das Ruder eines Schiffes große Dinge bewegen und in die richtige Richtung lenken. Negatives Reden kann wie ein Streichholz einen unüberschaubaren Schaden anrichten. Den Unterschied macht unser Kommunikationsstil, unsere Wortwahl, unser Reden.

Da ich von meinem Temperament her eher etwas mitteilsamer bin, habe ich an dieser Stelle ganz besonders gut aufzupassen. Es kann so leicht etwas kaputt gehen, nur weil man gedankenlos geredet hat. Gerade bei Begegnungen von Menschen – besonders dann, wenn es kriselt, die Atmosphäre gespannt ist und die Luft brennt – können schon wenige Worte eine Tür öffnen oder aber für immer verschließen.

Deshalb müssen wir an unserem Kommunikationsstil arbeiten. Zum Beispiel:

- Weniger Anklagen oder Unterstellungen aussprechen.
- Weniger leichtfertiges Getratsche.
- Zuhören lernen statt dauerreden und besserwissen.
- Regeln für konstruktive Diskussionen beachten.
- Auf zweideutige und doppeldeutige Ausdrücke verzichten.
- Keine Behauptungen ohne vorherige Prüfung.
- Nicht beim Small-Talk stehenbleiben.
- Bei Versagen um Verzeihung bitten lernen.
- Die Worte danke, bitte und willkommen häufiger gebrauchen.

Wir müssen stets bedenken: Unsere Worte, schon unser Gruß oder der herzliche Tonfall können Türen öffnen.

Zugegeben: Manchmal kommen wir allerdings mit Worten auch nicht weiter. Es gibt Menschen, bei denen gelingt es uns scheinbar nicht, auch nur die einfachsten geistlichen Dinge im Gespräch zu vermitteln. Vielleicht waren sie einfach schon zu oft zu „breit" oder zu alkoholisiert? Oder sie sind in Kolkata aufgewachsen und haben es nie gelernt, auch nur drei Gedanken hintereinander aufzufassen, weil sie nie eine Schule von innen gesehen haben?

Hier müssen wir ganz andere Kommunikationsmittel einsetzen. Zum Beispiel Liebe. Es gibt eben doch jene Situationen, da liegt das Schweigen näher am Gold als das Reden.

j) Mach's einfach

Nun habe ich versucht, einige Ideen zu nennen, wie du die Liebe, die Gott in dich hineingepflanzt hat, genau dort hinbringst, wo Gott es für nötig hält – bei denen, die wir allzu gern und schnell übersehen, und darüber hinaus.

Ich will noch einen letzten Tipp loswerden: Solltest du noch Fragen und Vorbehalte haben, an deinen eigenen Fähigkeiten und Talenten zweifeln, hin- und hergerissen sein zwischen Bereitschaft und Bedenken, dann – *mach's einfach*. Schick die Diskussionen mal in Urlaub und mach's einfach. Kuck dir einen Menschen oder eine Gelegenheit aus und mach es einfach. Gehe auf jemanden zu und ich verspreche dir, du wirst riesige Erfahrungen mit Gott und Menschen machen.

Und solltest du dir nicht ganz schlüssig sein, wie du das mit dem Lieben nun letztendlich anstellen kannst, dann – mach es *einfach*. Es kommt nicht darauf an, dass du irgendeine große Aktion startest, von der die ganze Stadt reden wird. Fang mit etwas Kleinem, Einfachem an: einem Besuch, einem Geschenk, einem Brief. Entscheidend ist, dass du etwas machst.

8. Liebe ist stark und macht stark

Ich bin für Liebe, unbedingt. Deshalb genieße ich es, wenn mir ein Mensch mit Liebe und Wertschätzung begegnet. Dann taue ich auf, dann wächst mein Mut, dann macht mich das stark. Ich weiß von vielen Menschen, dass es ihnen ebenso geht. Liebe hat das Zeug, die Menschen und ihre Welt zu verändern.

Doch die Liebe hat sich rar gemacht, und das macht mich extrem traurig. Ich bekomme mit, wie Gesellschaften mit ihren „Problemfällen" umgehen, wie junge, alte, kranke, angeknackste Menschen an den Rand geschoben, abgeschoben werden – ohne Verständnis, Zuwendung oder Liebe. Ich sehe, wie Christen miteinander umgehen können, wie sie übereinander reden und aufeinander herumhacken – mit viel Rechthaberei und ohne Liebe. Ich habe gemerkt, wie ich selbst zu gewissen Zeiten mein geistliches Programm abgespult habe – ohne Liebe.

An Gott kann dieser Liebesschwund nicht liegen. Gott ist Liebe. Das hat er seit Jahrtausenden bewiesen, mit Worten und Taten. Und vor allem natürlich durch Jesus, seinen Sohn. In Jesus wurde die Liebe des Vaters greifbar und begreifbar für uns Menschen. Seine Liebe ist stärker als der Tod. Seine Liebe durchbrach Mauern und Zäune zwischen Menschen, Schichten, Völkern und Kulturen.

Ich bin mir sicher, Gott ist auch traurig über die Lieblosigkeiten unter seinen Leuten und in seiner Welt. Schließlich gab Jesus seinen Jüngern doch einen eindeutigen Auftrag mit: Liebt! Liebt so, wie ich euch geliebt habe. Jesus will immer noch, dass wir seinen Auftrag umsetzen. Er will, dass wir diejenigen lieben, die er geliebt hat, und zwar so, wie er geliebt hat.

Wie könnte unsere Welt aussehen, wenn die Christen aller Zeiten und an allen Orten diesen Auftrag umgesetzt hätten?

Klar, wir können die Zeit nicht zurückdrehen. Aber wir können in die Zukunft schauen: Wie wird unsere Straße, unser Dorf, unsere Stadt, unsere Welt wohl in 20 Jahren aussehen, wenn alle Christen ernst machen mit der Liebe? Wenn sich alle, die Jesus nachfolgen, von Gottes Liebe füllen, infizieren lassen und dann einfach lieben? Was wird wohl passieren, wenn die Außenseiter von heute die Mittelpunkte von morgen sind? Wie wird es sein, wenn die Fremden von heute die Freunde von morgen sind? Welchen Pulsschlag wird das Leben haben, wenn die Müden und Abgehetzten von heute die Erfrischten von morgen sind?

Sicher, noch sind wir weit davon entfernt. Aber Liebe ist stark und Liebe macht stark. Sie kann das. Gottes Liebe kann uns verändern – einen nach dem anderen. Und dann erreicht sie durch uns die Menschen unserer Welt.

Ich finde, es ist an der Zeit, dass wir darüber nachdenken, wie Gottes Liebe wieder zu neuer alter Stärke kommen kann. Mir sind dabei folgende Schritte wichtig geworden.

Gib es zu!

Alles auf dieser Erde ist der Schwerkraft unterworfen – auch die Liebe. Damit will ich sagen: Es ist normal, dass unsere Liebe mit der Zeit an Dynamik und Kraft verliert. Es ist normal, dass die erste Begeisterung für Jesus, die wir – wie viele Christen es ausdrücken würden – bei „unserer Bekehrung" erlebten, mit der Zeit etwas ruhiger, gemächlicher wird. Das heißt nun aber nicht, dass wir leichtfertig darüber hinweggehen sollten. Weil es normal ist, dass wir alle und auch unsere Umwelt sich ständig verändern, müssen wir uns eben angemessen weiterentwickeln. Wir müssen auf die Veränderungen reagieren. Das fängt damit an, dass wir die Veränderung zugeben.

Gib zu, dass du in Punkto Gottesliebe oder Nächstenliebe deine Kämpfe und Nöte hast. Gib zu, dass es dir meistens nicht gelingt, so zu leben und zu lieben, wie du es bei Jesus siehst.

Es wird entspannter für dich und für die Leute in deinem Umfeld, wenn du deine Begrenzungen und deine Anfechtungen auch mal zugibst. Außerdem wirst du dich ja erst dann um eine Veränderung zum Besseren bemühen, wenn du dir – und vielleicht einigen immer wieder nachfragenden anderen – eingestanden hast, dass etwas passieren muss.

Stopf die Löcher!

Wer mit dem Fahrrad unterwegs ist, wird ein Loch im Schlauch nicht ignorieren, sonst kann es passieren, dass er bald läuft.

Wenn ich merke, dass mir die Liebe zu Gott oder meinem Nächsten abhanden kommt, dann gibt es da meist auch einige Schlupflöcher. Es gibt „Liebesräuber". Nun haben wir ja gesehen, dass Liebe sehr viel mit Nähe zu tun hat. Ich glaube, dass die Liebe schwindet, wenn die Distanzen größer werden. Wenn der Abstand zwischen Gott und mir so groß wird, dass ich ihn kaum noch hören oder sehen kann. Oder wenn ich mit meinen Gedanken so weit weg bin von einem Menschen, dass ich ihn nicht mehr wahrnehmen kann. Kein Wunder, dass die Liebe in solchen Situationen verschwindet.

Distanzen entstehen ganz nebenbei und aus sehr unterschiedlichen Gründen: steigende Alltagsanforderungen, Erschöpfung, Krankheit, schlechte Erfahrungen, unerfüllte Hoffnungen und Wünsche, unbereinigte Sünde – die Liste ist nicht vollständig.

Wichtig ist, dass wir das, was uns die Sicht auf Gott und Menschen verstellt, langsam, aber sicher, beiseite räumen.

Füll dein Herz!

In Punkto Liebe spielt unser Herz eine entscheidende Rolle. Wie bereits erwähnt, steht das Herz in der Sprache der Bibel für die Mitte der Persönlichkeit. Mein Herz, das bin ich. Hier liegen meine Gedanken, meine Entscheidungen, meine Pläne. Von hier aus wird mein Leben gesteuert. Kein Wunder also, dass Gott verspricht, seinem Volk ein neues Herz zu geben. In eben jenes Herz gießt er auch seine Liebe aus.

Wenn wir unsere Liebe beleben wollen, so müssen wir unser Herz wieder ganz nah an Gott heran bringen. Wir müssen seine Liebe zu uns entdecken. Wir müssen neu sehen, was er bereits in uns hineingepflanzt hat, als er uns zu seinen Kindern machte. Wir müssen uns quasi unter die „Höhensonne Gottes" begeben, damit seine Liebe, seine Wärme und seine Güte uns gut tun und unser Herz erwärmen kann.

Manchmal brauchen wir dazu einen Menschen, der uns an die Hand nimmt und uns Gottes Liebe wieder neu nahe bringt. Jemanden, der uns hilft, unser Herz von so manchem Müll und mancher Last zu befreien.

Oder wir nutzen die Chancen eines „Tapetenwechsels", bis hin zum Umzug oder zur beruflichen Neuorientierung.

Wichtig ist: Wir müssen uns von Gottes Liebe anstecken lassen, sonst brennt bei uns keine Liebesflamme.

Übe Liebe!

Lieben lernt man am besten durch lieben. Ich muss nicht erst warten, bis ich einen gewissen Erfüllungsstand an Gottesliebe erreicht habe, bevor ich vom Empfänger zum Geber werde. Als Gottes geliebtes Kind habe ich sofort Liebe, die ich geben kann.

Außerdem wird der Umgestaltungsprozess in meiner Umgebung erst beginnen, wenn ich anfange, Liebe zu geben. Mit der Zeit werde ich merken, dass ich Übung im Lieben bekomme. Meine Befürchtungen und Ängste nehmen ab. Die Vorurteile oder alte Klischees werden immer leiser. Ich fange an, Menschen nicht nur als „Verkehrsteilnehmer" zu sehen, sondern als lebendige Geschöpfe mit Wünschen, Träumen und Hoffnungen. Ich lerne neue Leute kennen und bekomme dabei Ideen, wie ich im Namen Jesu lieben kann, was das Zeug hält.

Ich komme ins Schwärmen, denn die Liebe ist stark. Nicht ich muss stark sein und die Welt verändern – die Liebe Gottes arbeitet an mir, in mir und durch mich.

Von dieser Liebe möchte ich mich gebrauchen lassen, damit das Leben von Menschen in meinem Umfeld besser, lebenswerter, Liebe-voller wird.